JN198776

音声 Pythonで学ぶ コミュニケーション 情報処理

伊藤克亘・宮澤幸希 〔著〕

An Introduction
to Voice Communication
Processing Systems

朝倉書店

まえがき

　動物は多種多様な手段で仲間とコミュニケーションを行う．人は音声を使ってコミュニケーションする動物である．我々は音声言語，すなわち思考を気管と喉と口腔で音波に符号化する手段と，それを相手に伝える手段を進化させてきた．そして聞き手はその音波信号を読み解き，話し手の思考を理解する．コミュニケーションとは極めて緻密かつ精巧な情報処理の過程なのである．

　音声情報科学は，このような人の音声コミュニケーションのメカニズムを解明し，再現して，応用するための学問領域である．代表的な成果が音声合成と音声認識であり，日進月歩で性能が改善されて，私たちの日常生活への実装が今までにないスピードで進んでいる．リアルタイムで自分の音声を自由自在に変換する技術や，音声による自然な対話が可能な機械も登場し，これからも驚くような技術が次々に開発されるだろう．

　現代社会で音声情報科学はますます重要さを増しているが，最先端技術の背景にある音声コミュニケーションの機構や原理，それをどのようにコンピュータで再現・実装するのか，初学者にわかりやすく解説した入門書はこれまでほとんどなかった．本書はこれを目的とした本である．音声信号処理の数学的な理論は専門書にゆずり，本書では音声コミュニケーションでやりとりされる情報を理解する上で欠かせない知識全般について，平易な言葉で，幅広く俯瞰して理解できるように考慮した．効果的に学べるよう，コンピュータによる実習をふんだんに取りいれた．本書で紹介するサンプルデータおよびソースコードは，サポートサイト https://github.com/sp-au-mu-nl/SpeechComm からダウンロード可能である．Python プログラムの実行環境のセットアップ方法や，本書で使用する Python のパッケージのインストール方法もサポートサイトで詳しく説明している．次の QR コードからもアクセスできる．

　はじめに 1 章を一読することをおすすめする．1 章では本書で取り扱う内容を概説し，各章へのガイドラインを示している．2 章以降は読者の興味に合わせてバラバラに読み進めてかまわない．また，各章の序文を通読するだけでも，音声情報科学の全体が掴めるようにした．

　本書が読者の学びの助けとなれば幸いである．

　本書の執筆にあたって，音声データベースの利用を快諾いただいた宇都宮大学の森大毅氏，ならびに各々ご専門の立場から造詣に満ちた貴重なご意見をくださった早稲田大学の岩本教慈氏，北陸先端科学技術大学院大学の木谷俊介氏，フェアリーデバイセズ株式会社の竹内太法氏に深く感謝申し上げる．そして著者らの思いに共感いただき，本書の出版の機会を与えてくださった朝倉書店の皆様に，心より御礼申し上げる．

　2025 年 3 月

伊藤克亘・宮澤幸希

目　　　次

1. は じ め に ··· 1

  1.1　音声コミュニケーションのしくみ ······················ 1

  1.2　本書の構成 ·· 3

  1.3　コンピュータによる音声の観察 ························ 4

    1.3.1　音声データの録音 ······························ 4

    1.3.2　音声データの可視化 ···························· 7

  章 末 問 題 ·· 11

2. 発声のしくみ ··· 12

  2.1　音声による情報伝達 ·································· 12

    2.1.1　音声波形の個人性の比較 ························ 13

    2.1.2　母音と子音の観察 ······························ 15

  2.2　声帯と声道の生理学的構造 ···························· 19

    2.2.1　声帯と基本周波数 ······························ 19

    2.2.2　声道と音色 ···································· 20

  2.3　日本語の音素体系とその発音方法 ······················ 21

    2.3.1　母　　　音 ···································· 21

    2.3.2　子　　　音 ···································· 23

    2.3.3　拗　　　音 ···································· 27

    2.3.4　特殊な音素 ···································· 27

  章 末 問 題 ·· 29

3. 音声のスペクトルの基礎 ·································· 31

  3.1　複合波のスペクトル ·································· 31

3.2　音波のスペクトル ･･････････････････････････････ 33

3.3　音声のスペクトル ･･････････････････････････････ 37

　3.3.1　振幅スペクトル ･･････････････････････････ 37

　3.3.2　フレーム処理 ････････････････････････････ 39

　3.3.3　対数振幅スペクトルと対数パワースペクトル ･････････････ 41

3.4　スペクトログラムによる音声の観察 ････････････････････ 43

3.5　母音生成の音源フィルタ理論 ･･････････････････････････ 47

章 末 問 題 ･･ 49

4.　母音の生成 ･･ 51

4.1　物理モデルによる母音発声のモデル化 ･･････････････････ 51

　4.1.1　均一な断面積の気柱の振動 ･･････････････････････ 51

　4.1.2　均一な断面積の気柱の周波数応答 ･･･････････････････ 53

4.2　声道フィルタを用いた母音の合成 ･･････････････････････ 55

　4.2.1　声帯振動モデル ･･･････････････････････････ 55

　4.2.2　母音の合成 ･･････････････････････････････ 56

　4.2.3　異なる断面積の気柱を接続した気柱 ･･････････････････ 58

4.3　フォルマントと調音位置 ･･････････････････････････ 60

章 末 問 題 ･･ 65

5.　聴取のしくみ ･･･････････････････････････････････････ 69

5.1　聴覚器官の構造 ･･････････････････････････････････ 70

　5.1.1　耳介〜中耳 ･･････････････････････････････ 70

　5.1.2　内　　　耳 ･････････････････････････････ 70

　5.1.3　聴覚器官の音声信号処理 ････････････････････････ 71

5.2　プリエンファシス ･･････････････････････････････ 72

5.3　聴覚フィルタ ･･･････････････････････････････････ 73

　5.3.1　ERB 尺 度 ･･･････････････････････････････ 75

　5.3.2　メ ル 尺 度 ････････････････････････････ 75

5.4　メル周波数フィルタバンク ･･････････････････････････ 76

　5.4.1　フィルタバンク ･･･････････････････････････ 77

　　5.5　メル周波数スケール変換（メルスペクトル）・・・・・・・・・・・・・・・　82
　　章末問題・・　86

6.　音声の特徴抽出・・・　89
　6.1　音声のスペクトルから得られる情報・・・・・・・・・・・・・・・・・・・・・・・・・　89
　6.2　聴覚末梢の情報処理・・・・・・・・・・・・・・・・・・・・・・・・・・・・・・・・・・・・・　92
　6.3　音素の特徴をあらわす声道関数・・・・・・・・・・・・・・・・・・・・・・・・・・・・　93
　6.4　ケプストラム分析・・・・・・・・・・・・・・・・・・・・・・・・・・・・・・・・・・・・・・・　97
　　6.4.1　算出方法・・・　97
　　6.4.2　ケプストラムに基づく成分の分離・・・・・・・・・・・・・・・・・・・・　99
　　6.4.3　ケプストラムを用いた音声の分析・・・・・・・・・・・・・・・・・・・・103
　　6.4.4　ケプストラム距離尺度・・・・・・・・・・・・・・・・・・・・・・・・・・・・・105
　6.5　メル周波数ケプストラム係数（MFCC）・・・・・・・・・・・・・・・・・・106
　　章末問題・・・108

7.　母音の認識・・・110
　7.1　母音の分布の特徴・・・・・・・・・・・・・・・・・・・・・・・・・・・・・・・・・・・・・111
　　7.1.1　フォルマントと F_1/F_2 平面・・・・・・・・・・・・・・・・・・・・・・・・111
　　7.1.2　フォルマントの多様性・・・・・・・・・・・・・・・・・・・・・・・・・・・・・111
　7.2　母音の分布のモデル化・・・・・・・・・・・・・・・・・・・・・・・・・・・・・・・・・114
　　7.2.1　母音のデータの構築・・・・・・・・・・・・・・・・・・・・・・・・・・・・・・114
　　7.2.2　正規分布による表現・・・・・・・・・・・・・・・・・・・・・・・・・・・・・・117
　　7.2.3　混合正規分布による表現・・・・・・・・・・・・・・・・・・・・・・・・・・120
　　章末問題・・・122

8.　子音と音節の認識・・124
　8.1　子音の調音方法と弁別素性・・・・・・・・・・・・・・・・・・・・・・・・・・・・・125
　　8.1.1　破裂音（plosive）・・・・・・・・・・・・・・・・・・・・・・・・・・・・・・・126
　　8.1.2　摩擦音（fricative）・・・・・・・・・・・・・・・・・・・・・・・・・・・・・・127
　　8.1.3　破擦音（affricate）・・・・・・・・・・・・・・・・・・・・・・・・・・・・・・128
　　8.1.4　鼻音（nasal）・・・・・・・・・・・・・・・・・・・・・・・・・・・・・・・・・・・128

　　8.1.5　はじき音（Flap）······································ 129

　　8.1.6　接近音（approximant）································ 129

　8.2　調音結合とフォルマント遷移······························ 129

　8.3　MFCC による音韻の認識·································· 131

　8.4　動的特徴量··· 134

　章 末 問 題··· 137

9.　韻律の認識·· 141

　9.1　日本語のイントネーションとアクセント·················· 141

　9.2　基本周波数検出·· 144

　　9.2.1　自己相関を用いる方法······························ 144

　　9.2.2　スペクトルを用いる方法···························· 146

　　9.2.3　ケプストラムを用いる方法·························· 147

　9.3　歌声と楽器音の情報処理·································· 148

　章 末 問 題··· 150

10.　発話が伝えるさまざまな情報の認識·························· 152

　10.1　発話の基本単位··· 153

　10.2　文と言葉の意味··· 158

　10.3　談 話 行 為·· 158

　10.4　話者の内的状態··· 160

　　10.4.1　感　　　情··· 160

　　10.4.2　態　　　度··· 165

　10.5　スピーチスタイル······································· 166

　10.6　話者の個人性··· 167

　　10.6.1　x-vector の学習····································· 169

　　10.6.2　話 者 照 合··· 171

　　10.6.3　話者ダイアライゼーション···························· 172

　章 末 問 題··· 173

11. 発話の生成 ··· 176

　11.1　波形ベースの音声合成法 ······························ 177

　11.2　テキスト音声変換（TTS） ·························· 180

　　11.2.1　ボコーダによる発話速度と音高の加工 ·········· 180

　　11.2.2　ボコーダによる歌声の加工 ···················· 182

　　11.2.3　ボコーダによるピッチと音色の加工 ············ 184

　11.3　音声テキスト変換（STT） ························· 188

　11.4　発話タイミングの推定 ····························· 188

　11.5　音声対話システムのしくみ ························ 190

　章 末 問 題 ··· 191

文　　　献 ·· 194

索　　　引 ·· 198

コ　ラ　ム

　1.　録音とサンプリング周波数 ························· 7

　2.　音素と音韻 ····································· 15

　3.　音声コーパス ····································· 18

　4.　音声表記と音素表記 ····························· 29

　5.　振幅スペクトルと位相スペクトル ················· 32

　6.　対数とデシベル ································· 42

　7.　深層学習と音声情報処理 ························· 85

　8.　線形予測符号化 ································· 101

　9.　フォルマント解析のツール ······················· 115

　10.　音節とモーラ ··································· 125

　11.　雑音・残響下での音声処理 ······················· 157

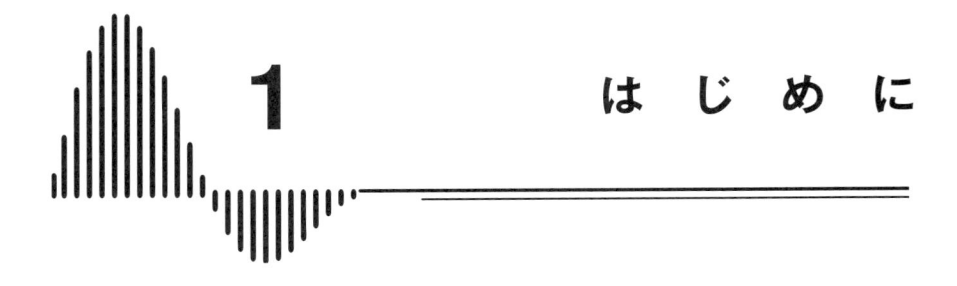

1　は　じ　め　に

　コミュニケーションとは，お互いの持っている情報をなんらかの手段を使って相互にやりとりする行為である．私たち人は，コミュニケーションの手段として音声を選び，長い進化の歴史の中でその手段を磨き上げてきた．元々は呼吸器官であった気道は音生成器官として，摂食器官であった口腔や舌は発声（調音）器官としての機能を担うようになった．これらの機能は極めて洗練されており，今日でも使われる音声の情報処理の理論の多くは，人の実際の機構に学びながら構築されてきたのである．

　本章では，まずは人の音声コミュニケーションのメカニズムについて，発声・伝搬・聴取・認識の過程に分けて，それぞれすでにわかっていることを広く俯瞰し，概説する．これらの各過程を詳細に学び，コンピュータで観察したり再現したりするのが本書の主な流れになる．各章へのガイドラインは 1.2 節を参照されたい．さらに本章の後半では，本書で繰り返し登場する基本的な音声データの録音と観察の方法について学ぶ．

1.1　音声コミュニケーションのしくみ

　2 人の簡単な会話を想像してみよう．
　A「今何時？」
　B「9 時だよ」
　この A と B の間で，どのような情報処理がなされているか考えよう．図 1.1 はこの会話がなされている間に，A と B の間でやりとりされている情報の流れを示している．
　はじめに，A の脳内に「時刻が知りたい」という【意図】がある．A は最初

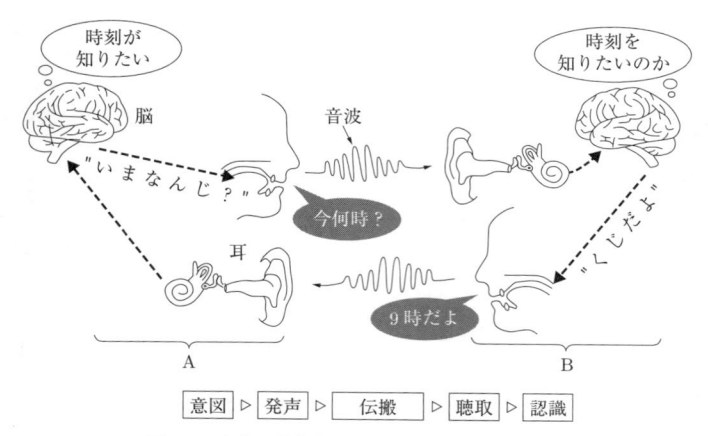

図 1.1　音声の双方向コミュニケーションの概要.

に何を話すべきか（「い ま な ん じ ？」という音の並び）を考える．そして A
は喉を震わせて，さらに口と舌を動かして順番に音を作っていき，【発声】を行
う．こうして「今何時？」という音声が A の口から放たれる．

　A が発声した音声は空気の振動となって空中を【伝搬】し，B の耳に届く．
通常，音声が空気を通る過程で，周辺の他人の音声と混ざったり，さまざまな
雑音が混入したり，壁や障害物による回折（音の回り込み），反射（音の跳ね返
り），残響（部屋の壁や天井で反射を繰り返すこと）などの影響を受けるが，こ
こでは音響的に理想的な空間（例えば，無響防音室（図 1.2）のような空間）を
想定して，A の発声した音声が，そのままクリアな音質で B の耳に到達すると
考えよう．

　ここで B の耳は，届いた空気の振動を聴覚神経の電気信号（音声波形信号）

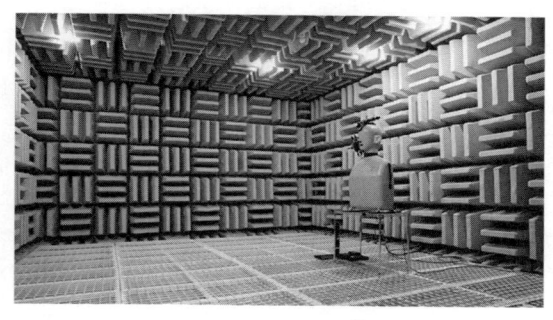

図 1.2　無響防音室[1].

に変換して，B の脳に届ける．この【聴取】の過程では音声波形信号の情報が分解され，解析されて，A の発話の言語情報（音の並び，単語の並び，文の並び）が再現される．さらに，A がどのような言い回しで，どのような感情を込めて話したかといった，「パラ（周辺的）」言語情報もあわせて分析し，B の脳は A が音声で伝えようとしている意味を解釈し，【理解】する．こうして A の意図が B に届くのである（そうして A の意図が B に伝わったら，今度は B が A に返事を伝える番である）．

　以上が音声コミュニケーションのしくみである．本書ではこのメカニズムを順番に扱っていく [*1]．

ⅢⅢⅢⅠⅠⅠ. 1.2　本書の構成

　本書の以降の章では，図 1.1 の各過程を詳しくみていく．人がどのようにこれらの情報処理を行っているのかを学び，それをコンピュータで再現・応用するための方法を学び，実習課題を行うのが各章の基本構成である．

　2 章では音声にはどのような情報が含まれているのかを詳しく学び，【発声】のしくみを学ぶ．この章では日本語の母音や子音についての基本も学ぶ．3 章では音声信号処理の基本となるスペクトル分析の実習を行い，特に母音のスペクトルの構造について詳しく学ぶ．4 章では実際にコンピュータで母音を再現することを試みる．5 章と 6 章では【伝搬】から【聴取】にいたるしくみを学ぶ．人の聴覚器官の構造を学び，それらの特性をコンピュータで再現した聴覚フィルタやメル周波数フィルタバンク，音声信号から音声のさまざまな特徴を取り出す技術について学ぶ．7 章では母音を，8 章では母音と子音の系列をコンピュータで【認識】させてみる．音声コミュニケーションにおいてやりとりされる情報は文字に起こせる音素だけでなく，文字にできない韻律も含まれる．そこで 9 章 では韻律をコンピュータで分析したり認識したりする方法を学ぶ．10 章 では【意図】や態度や感情の理論について学び，これらをコンピュータ

[*1]　本書で主に扱うのは音声信号の情報処理である．音声情報を言語情報に変換した後の処理，すなわち文の構造（統語論）や言葉の意味的情報（意味論）は紙面の都合上，ほとんど扱っていない．言語情報のコンピュータでの取り扱い方は，別途自然言語処理（Natural Language Processing，NLP）の教科書を参照されたい．

で扱う方法を学ぶ．11章では，ここまでの章の総仕上げとして，連続した音声からテキストを生成したり，テキストから音声を生成したりするエンドツーエンドの音声認識・音声合成技術について紹介する．また，人と音声で対話可能なコンピュータ（音声対話システム）の構成と機能を学ぶ．11章に最初に取り組んでもかまわないが，これらの最新技術の前提知識となる音声信号処理の理解を深めたい場合は，先に各章を学ぶとよいだろう．

ı||||ıı. 1.3　コンピュータによる音声の観察

　音声は口の中で生成される．話す様子を鏡でみたとしても唇の開き方が観察できるくらいで，口の中がどうなっているかを自分で観察するのは難しい．
　音声を観察する簡単な方法の1つは，音声を録音し，それを可視化することである．順番にみていこう．

1.3.1　音声データの録音

　コンピュータで音声を録音するときには以下の設定が必要である．いずれも録音音声の品質に直接関係する重要な値なので，よく覚えておこう．

- 録音レベル：音量（音の大きさ）の上限と下限の値．録音レベルの設定が不適切だと，入力された音が上限を振り切って音割れ（クリッピング）を起こしてしまうため，特に注意が必要である．
- サンプリング周波数（サンプリングレート）：音声データを1秒 [s] につき何回記録する（サンプリングする）かの値．低いサンプリング周波数で収録した音声からは情報が失われてしまうので，十分に高い値を設定して録音しておき，分析の目的に合わせてサンプリング周波数を落とす（ダウンサンプリングする）ことが多い [*2]．
- 量子化ビット数：音量をどの程度細かく記録するかの値．
- チャンネル（ch）：複数のマイクで録音を行う場合に，各マイクに割り当て

[*2]　周波数とは一般に，一定時間内に何かが繰り返し起こるときの繰り返しの回数をあらわす．音声信号処理ではサンプリング周波数以外にもさまざまな周波数が登場するので，混同しないように注意しよう．

られた数字のこと．特に 1ch（マイクが 1 つだけ）の場合をモノラル，2ch
の場合をステレオと呼ぶ．

　日本語でよく使われる母音を観察してみる．まず，「あ」という母音を録音し
てみる．Python でプロットするには，.wav という拡張子がつく WAV ファ
イルが便利である．WAVE 形式は元の音声波形の形を歪みなくそのまま保存
しているため，音声信号処理に適している．なお MP3 などの形式は，データ
サイズを小さくするために，元の音声波形に対して人の耳が鈍感な情報を削ぎ
落す処理（知覚符号化）を行っていて，かつ元の波形に戻せない非可逆圧縮で
あるため，音声の観察の目的では使わない方がよい．
　録音ソフトは，録音レベルを調整しやすいものを選んだ方がよい [*3]．
　PC で Audacity などのフリーソフトを用いると WAV ファイルが録音でき
る．いろいろな分析に用いるためには，PC の内蔵マイクではなく，USB 端子
やマイク端子にマイクを接続して録音する方がよい [*4]．
　実際に Audacity をダウンロードして起動してみよう．図 1.3 のような画面
が表示される．録音レベルは画面上のバーで調整することができる（デフォル
トは 100 %）．また，サンプリング周波数は画面下で指定できる（デフォルトは
44100 Hz）．なお量子化ビット数（Audacity では「サンプル形式」）は環境設定
の「品質」で指定できる（デフォルトは 32 bit）．

[*3]　録音レベルを自動で調節するオートゲインコントロール（AGC）を備えた録音ソフトも多い．
　　　AGC は自動でクリッピングを防いでくれる便利な機能だが，自動的に音声を歪めてしまうの
　　　で，できるだけ歪みのない生の音声データを取り扱いたい本書の目的にはそぐわない．
[*4]　本書では詳しく扱わないが，マイクの特性や構造，アナログ/デジタル変換器の特性，電源など
　　　の影響によって音声が歪むため，本格的な録音の前にこれらを適切に扱う方法を学んでおくとよ
　　　い．文献[2, 3]が詳しい．

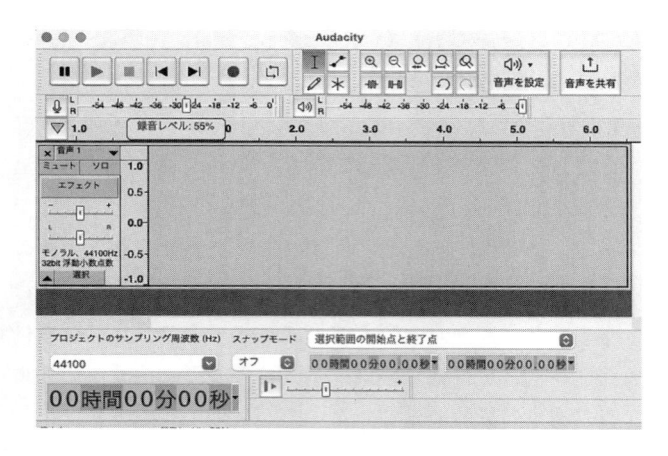

図 1.3 Audacity の起動画面．録音レベルは画面上のマイクのマークのバーで調整する．サンプリング周波数は画面下で指定する．

なるべくマイクに口を近づけて，録音をしてみよう．音量のもっとも大きい部分でも，録音レベルが 1.0 をこえないようにすることが重要である．目安として，大きめの声で話してみて，図 1.4 のように音声波形の変位（縦軸の値）の絶対値が 0.3 から 0.5 程度になるように録音レベルを調整するのが無難である [*5)]．

さまざまな分析に利用するためには，録音レベルが高すぎるデータ（図 1.5）は歪んでしまっているため不適切である．録音を聞いてみると，不快なノイズ（クリッピング音）が入ってしまい，録音に失敗していることがわかるだろう．こうなった場合はレベルを下げて録音し直すべきである．

これ以降では，適当なレベルで，「あ」という母音をモノラル（1 ch），サンプリング周波数 8000 Hz で録音し，前後に 100 ミリ秒 [ms] から 200 ms 程度

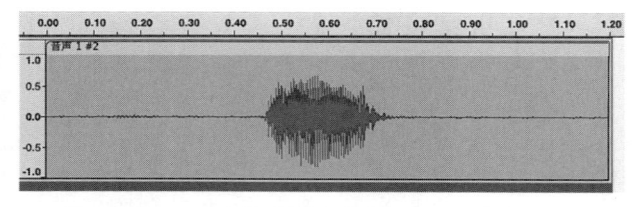

図 1.4 録音レベルが適正な音声波形のプロット（横軸は秒）．

[*5)] 録音レベルが 0.5 をこえないようにしておけば，突発的に大声を出したり，破裂子音のバーストなどでも音量レベルの超過が起こりにくくなる．

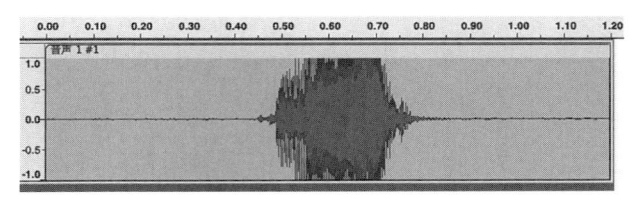

図 1.5 録音レベルが高すぎる音声波形のプロット（横軸は秒）.

の余裕を持たせて a8k.wav というファイル名で保存したものを用いる.

コラム 1

録音とサンプリング周波数

　サンプリング定理（標本化定理）により，分析したい波形の最大周波数の 2 倍のサンプリング周波数で録音すれば，元のアナログ波形の情報を欠損なくデジタル波形に変換できることがわかっている．母音の最大周波数はほぼ 4000 Hz 以下におさまるので，本書では多くの例でサンプリング周波数 8000 Hz の音声データを使っている．ただし 8000 Hz では子音の情報を欠損なく取り込むには不十分なので，実際の音声関連の技術ではサンプリング周波数 16000 Hz を使うことが多い.

　また，人の可聴域は 20000 Hz 前後とされるため，市販の音楽データのサンプリング周波数は 44100 Hz や 48000 Hz で録音されることが多い．ただし，近年のハイレゾ音源では 96000 Hz なども登場している.

1.3.2　音声データの可視化

　Python を用いる場合，もっとも簡単な可視化は音声波形（時間波形）のプロットである．この章のプログラムを実行するときには，次のパッケージをインポートする必要がある（パッケージのインストール方法は，サポートサイト (p. i) を参照すること）.

```
import librosa
import matplotlib.pyplot as plt
import numpy as np
import plotly.express as px
```

　音声波形をプロットするプログラムの例を示す.

プログラム 1.1   音声波形のプロット.

```
yA, sr = librosa.load('a8k.wav',sr=None) ↩①
tA = np.arange(0,len(yA))/sr ↩②
px.line(x=tA,y=yA) ↩③
```

図 1.6 が出力される.

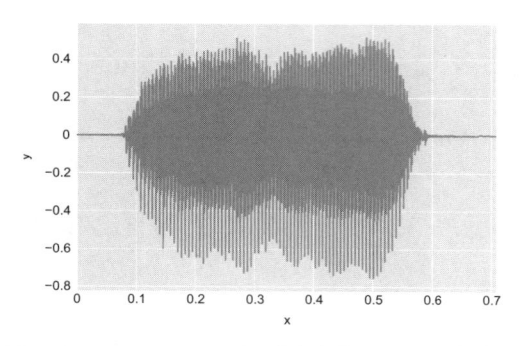

図 1.6   plotly express による音声波形のプロット（横軸は秒）.

①の load は音声ファイルを読み込む関数である．第 1 引数で読み込む音声ファイルを指定する．サンプリング周波数を指定する sr 引数は None となっている．None は音声ファイルのサンプリング周波数で読み込むことを意味する．第 1 返却値は音声データ，第 2 返却値は音声ファイルのサンプリング周波数となる．③ で，line 関数で音声ファイルをプロットしている．line は x 引数と y 引数を指定すると x 引数は横軸，y 引数は縦軸となる．つまり，図 1.8 のように横軸は時刻，縦軸は音声データの値となる．line は x,y 引数などすべてのデータの長さが同じでないとエラーが起きる．②では，各要素は音声データの 1 点目が時刻 0 とし単位が秒となる時刻となる長さが音声データと同じになるベクトルを作成している．つまり，tA は以下のようになっている．

```
tA[:5]
```

```
array([0.    , 0.000125, 0.00025 , 0.000375, 0.0005 ])
```

灰色の背景は出力をあらわす．tA[0] と tA[1] の差は，サンプリング周期，つまりサンプリング周波数の逆数となる．

長さは次のように調べられる.

```
len(tA)
```

```
5665
```

```
len(yA)
```

```
5665
```

これらの値自体は各自のファイルによって異なる結果になるが,同じ値になる.

音声波形のプロット,例えば図 1.6 では何が観察できるだろうか.まず,0.1 s から 0.6 s の部分に音声があり,その前後,0.1 s までと 0.6 s 以降は背景雑音のみであることがわかる.また,この場合は,ほぼ同じ強さで音声を発声しているため,0.2 s から 0.5 s まではおおむね同じ振幅となっていることがわかる.

プロットを拡大すると,他の情報を観察できる.plotly express では,グラフを対話的に利用できる.グラフの描画領域をマウスオーバーするとグラフの右上部分にあらわれるメニューの虫眼鏡アイコン(図 1.7 の左から 2 番目のアイコン)を選択する.その状態

図 1.7 plotly express のメニュー.

で,パッドを押しながら,グラフを適当に選ぶと x 軸方向や y 軸方向や長方形の選択部分を拡大できる.ホームアイコンを選ぶと元に戻せる.

ほぼ同じ強さで発声している 0.1 s(100 ms)程度の部分を拡大すると図 1.8 のようになる.このプロットを観察すると,例えば,このプロットの場合,同

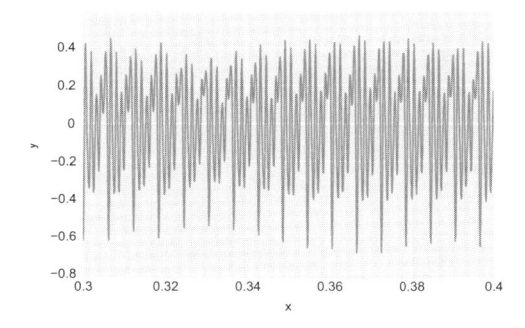

図 1.8 「あ」の 0.1 s(100 ms)程度の区間のプロット,横軸は秒.

じような波形が 16 回強繰り返されていることがわかる．つまり，厳密な繰り返し波形（周期関数）にはなっていないものの，疑似的な周期関数とみなしてよい形になっている．

　より詳細に観察するために，3 周期分を拡大してみる（図 1.9）．母音「い」も同様に録音し，3 周期分を拡大してみる．図 1.9 と図 1.10 を観察してみると，それぞれ図 1.8 と同様に疑似周期的であることがわかる．また，周期も読み取ることができる．

　また，グラフ上にマウスのポインタがあるときには，そのポインタがある場所のグラフ上の座標が表示される．その機能を用いると，例えば，図 1.9 の $x = 0.312$ より少し後のピークは 0.313 であり，0.318 と 0.32 の間のピークは 0.31912 であることがわかる．この値から，ここの周期は 0.00612 s であることがわかる．

　「あ」と「い」の音声波形は，疑似周期信号であることは共通であるが，1 周期分の波形はかなり違っていることがわかる．我々が日々知覚している「あ」と「い」の音色（音の聞こえ方）の違いとは，すなわち，この繰り返される波形の形の違いなのである *6)．ところで同じ母音「あ」でも，高い声で「あ」と話すことも，低い声で「あ」と話すこともできる（章末問題 3）．すなわち，母音には音色以外にも高さという属性があることがわかる*7)．次章では，人がどのようにして音声の音色や高さといった特徴を声に出しているのかを学ぶ．

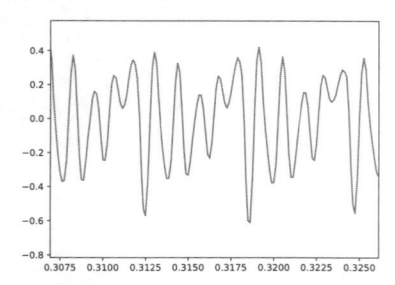

図 1.9　「あ」の 3 周期分のプロット．

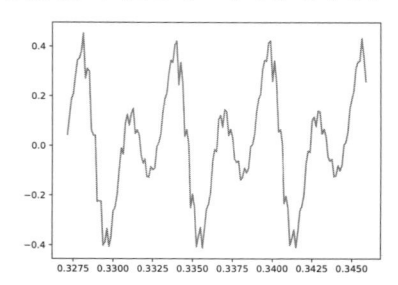

図 1.10　「い」の 3 周期分のプロット．

---

*6)　母音の音色の違いは，分析・生成・認識の各章で繰り返し登場するので覚えておこう．人が母音を発声するしくみを 3.5 節で，コンピュータで母音を生成する方法を 4 章で，コンピュータで母音を認識する方法を 7 章で詳しく学ぶ．
*7)　声の高さについては，発声のメカニズムを 2.2.1 項で，コンピュータで取り扱う方法を 9 章で詳しく学ぶ．

ₒₒₒₗₗₗₗₗₗ。 **章 末 問 題**

1) 母音「あ」，「い」を録音し，その音声波形をプロットせよ．横軸は時間（単位は秒）とせよ．

2) 章末問題 1 の音声波形を，明確な周期構造が確認できる程度に拡大してプロットせよ．また，それぞれの周期を音声波形から推定せよ．横軸は時間（単位は秒）とせよ．

3) 章末問題 1 で録音したときより，高い声で「あ」を発声して録音し，周期がわかる程度に拡大してプロットし，音声波形を比較し，共通点と相違点を観察せよ．また，章末問題 2 と同様の手法で周期を推定し，比較せよ．

4) 章末問題 2 で推定した周期を利用して，「あ」，「い」の 3 周期分の音声波形をプロットし，`plt.subplot` で縦に並べて比較できるようにせよ．横軸は時間（単位は秒）とせよ．

5) 母音「あ」，「い」をささやき声で発声し，録音せよ．その音声波形をプロットし，通常の発声のものと比較せよ．

2 発声のしくみ

　音声によって伝わる情報は多彩である．この章の前半では，まず，音声がどのような種類の情報を伝えているのかを概説する．母音や子音などの音素（phoneme）は，文字に書き起こすことができ，言語情報として我々が認識できる最小単位である．さらに，音声には言語情報に加えて，感情や態度など，さまざまな文字にならない情報の伝達も担っている．また，音声コミュニケーションにおいてやりとりされる情報は話し手自身の特徴も含まれる．

　音声が多彩な情報を伝えられるのは，声を生成し，調節し，音声言語に変換する調音器官のメカニズムによる．そこで本章の後半では，声道と声帯が巧みに連携して発声を行うしくみについて学ぶ．日本語の話者がどの調音器官をどのように動かすことで，どのような種類の音を生成しているのかを，実際の音声を観察しながら体系的に学ぶ．

　本章で利用する Python のパッケージは 1 章（1.3.2 項）と同じである．

ılılılı.. 2.1　音声による情報伝達

　もう一度 1.1 節の会話を考えてみよう．
A「今何時？」
B「9 時だよ」

　この A さんの発話では，B さんにどのような情報が伝わるだろうか．

　もちろん「今何時」という言語内容は伝わる．しかし，それ以外にも伝わる「情報」がある．例えば，A さんが「何時」を特に強く発音していれば，すぐに時間が知りたいという意図が強く伝わるだろう．あるいは A さんが文末に向けて声の高さを上がり調子で話していれば（上昇調のイントネーションを使って

いれば），疑問文「〜？」であることがより明確に伝わるだろう．

さらに，B さんが A さんの声を知っていれば，発話したのが A さんであることが伝わるだろう．はじめて聞く声であっても，話し手の個人の特徴，例えば性別やだいたいの年齢がわかる場合もある．発話によっては，A さんの気分や態度，また発話に込めた感情が伝わることもあるだろう．このように 1 つの発話で同時に多彩な情報を伝達できるのが音声の特徴である．

音声信号処理の歴史のはじまりは，言語内容に関係する部分だけが対象になっていた．上記の A さんの発話内容については，「現在の時間を問いかけている疑問文である」という情報以外は，言語情報とはいえない．しかし，A さんがどのような言い方をしたのかによって，B さんに伝わる情報は多種多様になりうる．人間は言語情報と同時に，多彩な情報を音声信号に乗せて豊かなコミュニケーションを行っているのである[*1]．

次節では，音声が実際にどのように発話されるのかを観察してみよう．

2.1.1 音声波形の個人性の比較

2.1 節で，声から個人の特徴がわかることがあると述べた．実際に試してみよう．ここでは，インターネットから入手可能な音声データの 1 つである Common Voice コーパス[4]に収録されている音声を使用する．https://commonvoice.mozilla.org/ja から入手できる[*2]．Common Voice コーパスに含まれる，2 名の異なる話者が「はい」と発話した common_voice_ja_22253296.mp3 と common_voice_ja_22184585.mp3 を聞き比べてみよう[*3]．話し手の 2 人のなんらかの特徴が推測できるだろうか？

図 2.1 の 2 つの発話の波形を比べてみよう．

実は，図 2.1 のファイルは一方が男性で一方が女性のものである．この違いは音声波形から読み取れるだろうか？

[*1] イントネーションについては 9 章で，感情や態度については 10 章で詳しく学ぶ．

[*2] 本書の執筆では，日本語の Common Voice Corpus 7.0 に収録されているデータを使用している．

[*3] MP3 形式（.mp3）のファイルは扱わない方がよいと 1.3.1 項で述べたが，やむを得ず使わなければいけない場合は事前に WAVE 形式（.wav）に変換するとよい．コマンドプロンプト（Windows）あるいはターミナル（Mac，Linux）から SoX コマンドを使えば簡単に変換することができる．ただし WAVE 形式に変換しても，MP3 形式特有の音声信号の歪みは残ったままなので注意すること．

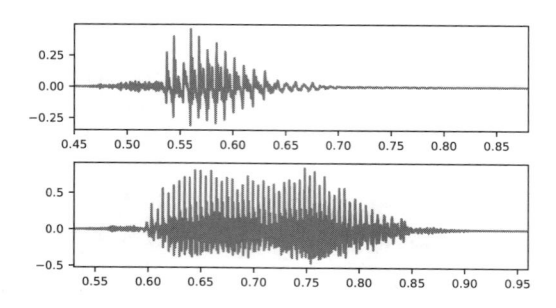

図 2.1 2 名の異なる話者が「はい」と発話した音声波形. 横軸は時間（秒）, 縦軸は振幅.

発話の振幅の大きい部分は周期性がありそうなので, その部分を拡大してみる（図 2.2）. 実は, 下が女性の発話である. どちらもおおむね周期的であるが, 下の音声の方が周期が短い. 時間スケールは同じなので, これらのデータでは女性話者の方が声が高い, すなわち基本周波数（2.2.1 項で学ぶ）が高いといえる. このように, 同じような波形の繰り返し方で声の高さを読み取ることができる. 声の高さ以外にも, 個人性をあらわす声の特徴はさまざまにある.

個人性によって変わる特徴がある一方で, 変わらない特徴もある. 例えば図 2.2 はどちらも,「はい」（/h/, /a/, /i/）という発話の同じ音素「あ」（/a/）の区間を取り出したものである. 1 周期の波形をみると, 話者が違っていても, 大きな振幅の部分からはじまって, 細かいピークを経ておおまかには下るという形状は似ている. 我々は音声波形の信号の中から, このような誰が話しても共通してあらわれる形状のパターンを聞き取って, 音声言語を使ったコミュニケーションを行っているのである. 話し手が違っていても, 同じ言語の同じ音

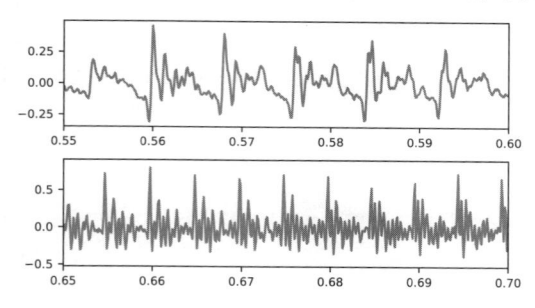

図 2.2 2 名の異なる話者が「はい」と発話した音声波形の部分拡大図.
上が男性, 下が女性.

素であれば，共通した音の波形の特徴（音響的特徴）があらわれる．次項で詳しくみてみよう．

コラム 2

音素と音韻

　音素は 19 世紀に言語学者ボードゥアン・ド・クルトネが提案した概念で，母語話者にとって意味的に同じまたは異なると感じられる最小の単位のことである．例えば日本語では「パン」（/paN/）と「番」（/baN/）は音が異なる別の単語と感じられる（「対立がある」という）．したがって，日本語では /p/ と /b/ は意味的に異なる単位である（すなわち，別の音素である）．

　音素は // で囲んで，例えば「あ」のことは /a/ のように表記する．日本語の母音 5 つは，それぞれ /i/, /e/, /a/, /o/, /u/ と表記する．

　日本語では，例えば「雨」（/a'me/）と「飴」（/ame/）のように，音素が同じでもアクセントの位置によって単語の意味が変わることがある．音素とアクセントを合わせて音韻と呼ぶ．従来の音声信号処理ではアクセントを扱うことは稀で，その単語がどのような文脈で出現したのかを統計的に分析することでどちらの意味なのかを推測することが多い．

2.1.2　母音と子音の観察

　我々が単語や文章を発声するときには，さまざまな音素の組み合わせを発声している．例えば，「三鷹（みたか）」という単語には，母音 /a/ 以外に，子音 /m/, /t/, /k/ が含まれる．

　サンプリング周波数 8000 Hz の単語発声「三鷹（みたか）」を foldPlot（章末問題 1）を用いてプロットすると図 2.3 のようになる．

　ここで図 2.3 の横軸はデータ点の数をあらわす．この図の場合 2000 点ごとに図を折り返して表示する．この音声は合計 7420 点ある．サンプリング周波数は 8000 Hz であるから，音声全体の持続時間は 0.9275 s（92.75 ms）であるとわかる．

　さて，子音の多くは母音に比べると急激な短時間での声道内の変化・変形に

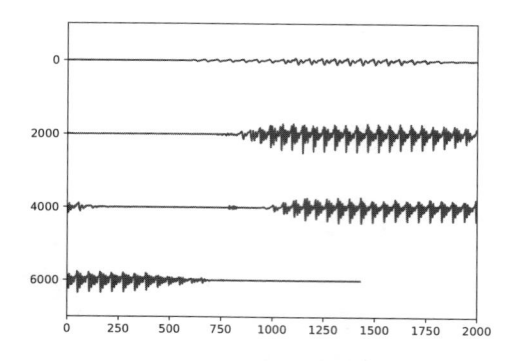

図 2.3 単語「三鷹（みたか）」の音声波形（横軸は時系列順のデータ点，2000[点] ごとに折り返して表示）．

よって発声される音である．例えば，図 2.3 の 2800（2 段目）付近は /t/ であり，4800〜5000（3 段目）付近は /k/ である．/t/ の部分を拡大したのが図 2.4 である．2750 点から 2850 点あたりの変化は，2900 点以降の /a/ の開始部分に比べると変化が速いことが観察できる．

　子音は母音に比べて発話時間が短く，子音によっては一瞬で終わってしまうので，母音のように音声波形から周期性を見いだすのは難しく，音声波形で子音を観察するのはかなり困難である．また，急激に振動する部分は母音に比べると高い周波数成分に特徴がある．このような子音の特徴を捉えるには，音声波形ではなく，周波数成分を縦軸に，振幅の強さを色の濃さであらわしたスペクトログラムが有用である．

　次のようにすると Python で，サンプリング周波数 48000 Hz の単語発声「三鷹（みたか）」のスペクトログラムを表示できる（図 2.5）．

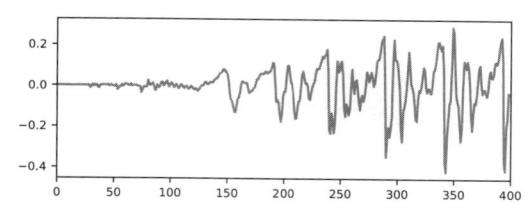

図 2.4 /t/ の周辺の音声波形（横軸は時系列順のデータ点）．

プログラム 2.1 スペクトログラムの表示.

```
yMitaka, sr = librosa.load('mitaka48k.wav',sr=None)
plt.specgram(yMitaka,Fs=sr,NFFT=4096,window=np.hanning(4096),
             noverlap=4096-32)
plt.xlabel('Time (s)'); plt.ylabel('Frequency (Hz)')
```

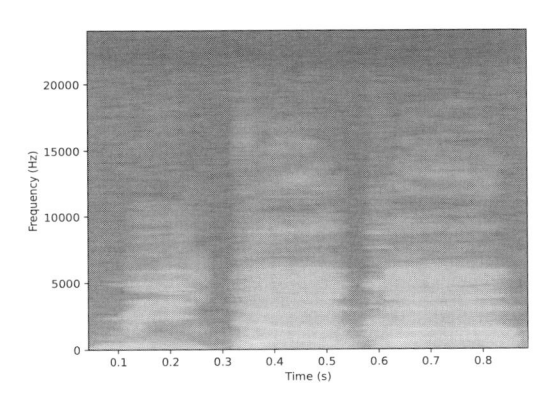

図 2.5 単語「三鷹（みたか）」のスペクトログラム（サンプリング周波数：48000 Hz，横軸は秒）.

　ここでは，サンプリング周波数 48000 Hz の音声を 4096 点のハン窓をかけ FFT でスペクトルに変換している．短時間フレームは 32 点でずらしている．0.35 s あたりの /t/ の部分，0.6 s あたりの /k/ の部分は 10000 Hz 以上の高い周波数成分まで含むことがよくわかる．

　適当なスペクトログラムを用いると，音素がどこからはじまるかなどの時間構造を推測できる．図 2.5 をみると 8000 Hz 以上には，あまり周波数成分がないことがわかる．そこで，16000 Hz にダウンサンプリングしてスペクトログラムを表示してみる（図 2.6，章末問題 3）．母音の部分は横縞が継続しているようにみえる．

　単語や音素，音素よりも細かい単位の時間構造を音声波形やスペクトログラムに注記することをセグメンテーション，もしくはアラインメントと呼ぶ．図 2.7 は，音声分析やセグメンテーションのためのツールである Praat (http://www.fon.hum.uva.nl/praat/) を用いて，手動で単語発声「三鷹」にセグメンテーションを付与した例である（章末問題 4）．セグメンテーションは音素の分析，加工の際に用いられる．自動でセグメンテーションする技術も開

発されている（7.2.1 項で紹介する）.

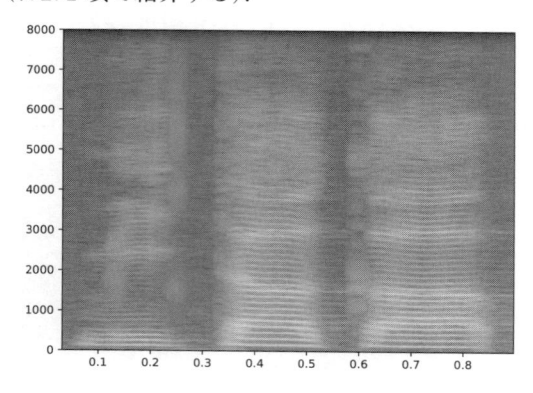

図 2.6　単語「三鷹（みたか）」のスペクトログラム（サンプリング周波数：16000 Hz, 横軸は秒）.

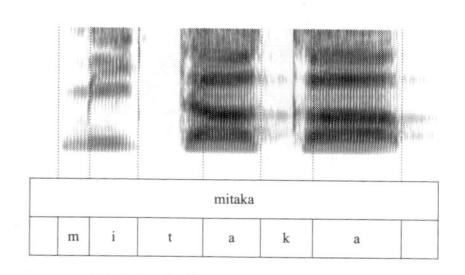

図 2.7　音素セグメンテーション.

コラム 3

音声コーパス

　セグメンテーションは手間と時間のかかる作業であるが，研究者や開発者のためにセグメンテーションがあらかじめ付与された音声データベース（音声コーパスと呼ぶ）も公開されている．例えば 2.1.1 項で紹介した Common Voice[4) は，音声認識の研究開発のため Mozilla によりボランティアベースで構築されている多言語コーパスである．また，日本語話し言葉コーパス[5) （https://ccd.ninjal.ac.jp/csj/）」は国立国語研究所が提供する日本語コーパスで，660 時間の音声データに，音素

を含むさまざまな情報 (75 時間分が人手でチェック済み) が付与され
ている.

　現在入手可能な有償・無償の日本語の音声コーパス一覧は音声資源コン
ソーシアムのコーパスリスト (http://research.nii.ac.jp/src/list.html)
が詳しい. どのような用途が許可されているかはコーパスによって異
なり, またセグメンテーションの内容も異なるので, 利用規約を熟読し
よう.

illlll.... 2.2　声帯と声道の生理学的構造

　我々は声帯を震わせたり, 主として口の開閉と舌の位置を変えることで声道
中 (特に口の中) の特定の位置を狭めたり広げたりすることで, 空気の流れを
変えてさまざまな音色の音を生み出している. 口の中にどのような発声器官が
あるのかを確認しておこう.

2.2.1　声帯と基本周波数

　声帯は気道と食道の分かれ目 (喉頭) 付近の気道側にあり, 筋肉と粘膜ででき
きた柔らかく弾力のある襞状の組織である. 図 2.8 は声帯の構造を示している.
　声帯は, 哺乳類が気道を閉じたり開いたりするのに使っていた甲状披裂筋が
進化したものと考えられている. なお鳥類はこのような筋肉組織を持たず, 鳥
の鳴き声は気道の奥の鳴管で作られている[6].
　母音は通常, 声帯を振動させて生成される. 声帯が振動する速さを基本周波数
(foundamental frequency, または $f_\circ$) と呼ぶ[*4]. 例えば基本周波数が 200 Hz
であるということは, 1 秒あたりに声帯が 200 回振動していることを示す. 成
人の基本周波数の平均は 100〜200 Hz であるが, 子供の基本周波数の平均は
300 Hz 以上になる. これは子供の声帯が小さくて軽く, より高速に振動するた
めである.

[*4]　基本周波数を「F0」と書くこともあるが, 近年では「$f_\circ$」と書くことで広く合意がなされてい
る. 文献[7]が詳しい.

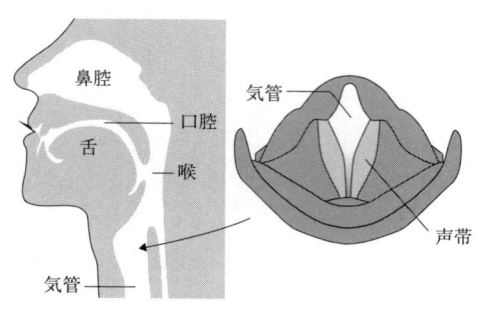

図 2.8 声帯の位置と構造.

　声帯で生成された音の基本周波数が大きいほど，耳で聞いたときに高い音に感じる．人が感じる声の高さをピッチと呼ぶ（一方，音楽では楽器音の高さをピッチと呼ぶ）．基本周波数の高い音はピッチが高く感じるが，人の聴覚器官は線形に音高を知覚するわけではないので，感覚量（人が感じる量）であるピッチと，物理量である基本周波数はおおむね正の相関があるだけで，厳密な比例関係にあるわけではないことに注意する [*5]．

　また，実際の声帯が生み出す音は複数の周波数成分の混ざった複合音であり，パルス（非常に短い時間で立ち上がり，急激に終わる音声波形）が連続したパルス列をなす．

2.2.2　声道と音色

　声帯から唇までの空間が空気を含む管（気柱）となっていて，声帯の振動が気柱で響くことにより音色がつけられる．この気柱のことを声道と呼ぶ．声道の構造を図 2.9 に示す．

　声道の形は唇の開き方や，舌（舌端，前舌，中舌，後舌）の位置などを変えることで変化する．我々は声道の形を変えることで（すなわち，発話の途中で声道の断面積を意識的に変化させることで），さまざまな音素を発音し分けている．次節で，日本語の音素体系とその発音方法について学ぼう．

[*5]　音声の基本周波数とピッチの関係については 5.3 節で詳しく学ぶ.

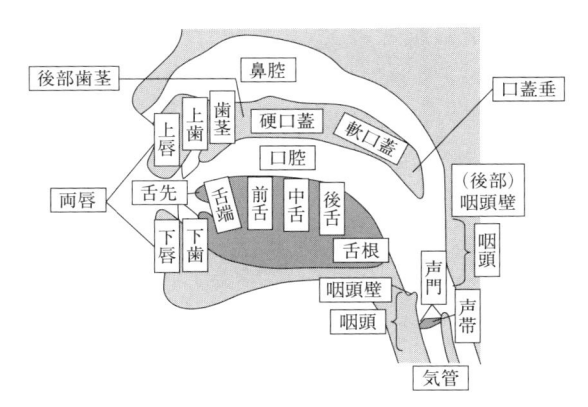

図 2.9 声道の構造と音声の発声に関係する器官.

〰 2.3 日本語の音素体系とその発音方法

音声信号処理では，現代日本語を 5 つの母音（/i/, /e/, /a/, /o/, /u/），14 個の子音（/p/, /b/, /t/, /d/, /k/, /g/, /m/, /n/, /N/, /r/, /s/, /z/, /h/, /w/），12 個の拗音（/y/, /ky/, /gy/, /sy/, /zy/, /cy/, /ny/, /hy/, /by/, /py/, /my/, /ry/），および 2 つの特殊音素（/Q/, /H/）として取り扱うことが多い [*6)]. 以下，個別に見ていこう．

2.3.1 母　　音

母音の音色は主に唇の開き方と舌の位置によって決まる．子音の発声ではより複雑な音を発声するための動作（調音動作）をしている．

まず，世界の言語の母音を眺めてみよう．図 2.10 はあらゆる言語の調音動作を記述した国際音声記号（IPA, International Phonetic Alphabet）体系

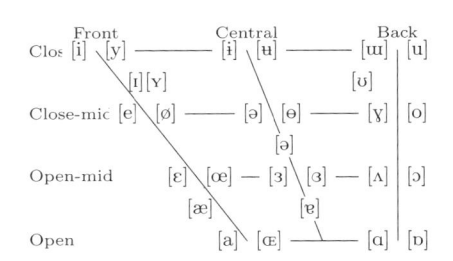

図 2.10 IPA による母音の発声方法の定義. 二対の母音は，右側が両唇を丸めて発声する母音（円唇母音）.

[*6)] 実際の日本語の音素の数はより多様である．例えば，サ行の子音には，実際には /s/（「サ，ス，セ，ソ」の音）と /ɕ/（「シ」の音，/sj/ とも表記）の 2 つの音素が含まれる．

によって定義された，世界の言語の母音の発声方法である⁸⁾．どの部位が制御されて発声されるかを基準に母音が整理されている．横軸は舌の位置，縦軸は口の開口度を示している．

この表では，日本語の 5 つの母音は図 2.11 のように位置づけられる．日本語の母音「う」（/u/）は発声時に唇

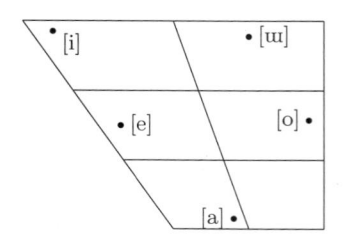

図 2.11 IPA による日本語の母音 5 種類の発声方法分類．

を丸めない非円唇母音なので，IPA では [ɯ] と表記する ^{*7)}．母音の数は言語によって異なり，例えばアメリカ英語だと 11 種類もある（複合母音を加えるとさらに増える）．

図 2.9 と図 2.10 を見比べながら，日本語の 5 母音が口のどの部位を動かして発話されているのかを確認しよう．

例えば，/i/ は，Front（舌の位置が前），かつ Close（開口度小）に分類されている．また /a/ は，Central（舌の位置が中央），かつ Open（開口度大）である．すなわち，「あ」（/a/）を発声するときには，唇を丸く大きく開け，舌を下げ，軟口蓋を上げる．このようにすると，唇から軟口蓋までは大きな空間となり，ここを声帯の振動が通ると「あ」のような音色となる．何も考えずに，ただ口を開けて声を出すと「あ」に近い音が出るので，その状態を舌の位置などの目安にするとよい．

母音の音色の違いは，主にフォルマントと呼ばれる周波数の値の違いとしてあらわれる．フォルマントは母音の周波数成分が周辺より強いところで，例えば図 2.12 の低い方から 2 つのフォルマント ^{*8)}は，最初の母音 /i/ のところでは，250 Hz 前後とあまり強くないが 2400 Hz 前後の部分，次の母音 /a/ のところでは，800 Hz 前後と 1500 Hz 前後の部分で観察される．

---

^{*7)} 図 2.10 は各言語の母音の発声方法を正確に表現しているわけではないので，図 2.11 とは記号の位置が多少ずれている．日本語の母音を IPA で厳密に表現するためには IPA の補助記号を使う必要があるが，本書では省略する．
^{*8)} フォルマント（ホルマント）については 4.3 節で詳しく学ぶ．

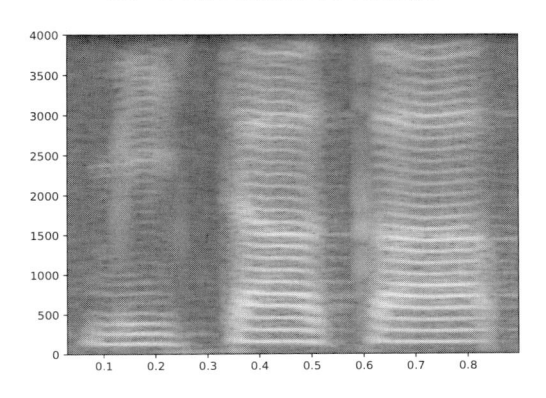

図 2.12 単語「三鷹（みたか）」のスペクトログラム（サンプリング周波数：8000 Hz，横軸は秒）.

2.3.2 子　　　音

子音は声道内の変形が起きる位置（調音位置）と，その変形のさせ方（調音方法），そして有声性によって分類される．図 2.13 は IPA による，子音の分類図である[8]．左端のラベルは子音の発声方法の大分類である，「種類」，「調音方法」，「調音位置」，「有声・無声の別」を示している．以下で順番に解説する．

「有声・無声の別」とは，声帯の振動をともなうか，ともなわないかの区別である．声帯が振動する有声音（図 2.13 の+）と，声帯が振動しない無声音（図 2.13 の −）がある．

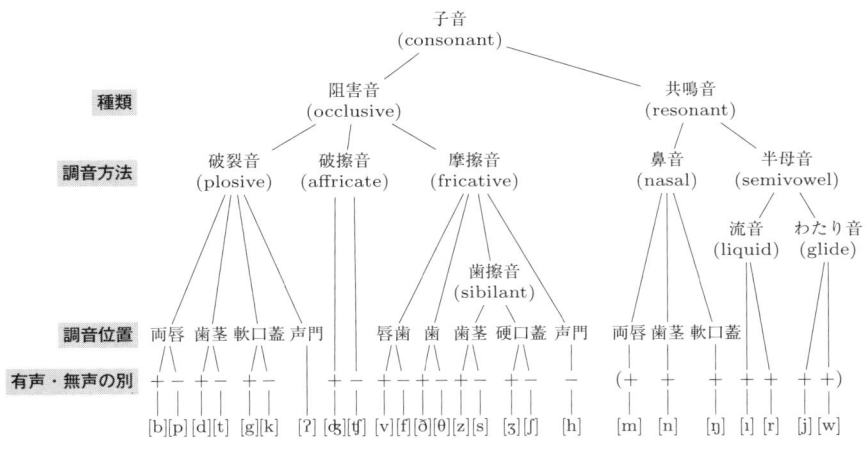

図 2.13 IPA による子音の発声方法の定義.

「調音位置」はその子音が主に口の中のどの部位を動かして発声されるかを示していて，図 2.13 では両唇音（bilabial，上下の唇のところで発声する子音），唇歯音（labio-dental，歯と唇のところ），歯音（dental，歯のところ），歯茎音（alveolar，歯の裏のところ），軟口蓋音（velar，その後の柔らかい部分），硬口蓋音（palatal），声門音（glottal，声帯で作られる音），などがある．上図には記載がないが，他にも後部歯茎音（postalveolar），硬口蓋音，口蓋垂音（uvular）に分類することもある．

「調音方法」は口や舌の動かし方をあらわしていて，口を狭めてシューっという空気の音を出したり（摩擦音），空気の通り道を一時的にふさいで解放する（破裂音）など，さまざまな種類がある．子音の調音方法については 8 章で詳しく学ぶため，ここでは省略するが，母音に比べると継続時間が短く，周波数成分が多いという特徴がある．図 2.14 は，子音 /k/ の前後 200 ms の部分を拡大したスペクトログラムである（章末問題 5）．子音の部分は母音の部分のような規則的な横縞は観察されず，さまざまな周波数成分が含まれていることがわかる．

「種類」はその音が発声されるときの空気の流れをあらわしていて，空気が滑らかに流れることで出る音が共鳴音，空気が舌や歯茎で遮られることで出る音が阻害音である．子音には阻害音も共鳴音もあるが，一方，すべての母音は共鳴音である．

すべての言語がすべての調音方法・調音位置を使って子音を作っているわけ

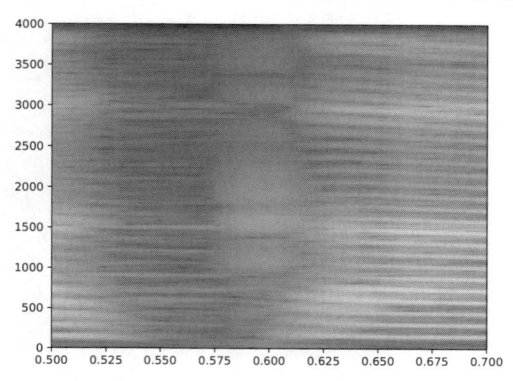

図 2.14 単語「三鷹（みたか）」の /k/ の前後のスペクトログラム（サンプリング周波数：8000 Hz，横軸は秒）.

ではなく，言語によって子音の数は多かったり，少なかったりする．表 2.1 は IPA による日本語の子音の発声方法の分類表である[*9]．

表 2.1　IPA による日本語の子音 16 種類の発声方法の分類（文献[8]，p.117）．

	両唇 (bilabial)	歯 (dental)	歯茎 (alveolar)	後部歯茎 (post- alveolar)	硬口蓋 (palatal)	軟口蓋 (velar)	口蓋垂 (uvular)	声門 (glottal)
破裂音 (plosive)	[p]　　[b]	[t]　　[d]				[k]　　[g]		
破擦 (affricate)			[tˢ]					
鼻音 (nasal)	[m]	[n]					[ɴ]	
はじき音 (flap)				[ɾ]				
摩擦音 (fricative)			[s]　　[z]					[h]
接近音 (approxi- mant)					[j]	[w]		

　例えば，表 2.1 の左から 4 列目（alveolar，歯茎），上から 5 行目（fricative，摩擦音）をみてみよう．「[s] [z]」と書かれている．それぞれの区分内で，左側が無声子音，右側が有声子音をあらわしている．すなわち，これは日本語のサ行（/s/）の音は無声の歯茎摩擦音，ザ行（/z/）の音は有声の歯茎摩擦音であることを示している．

　スペクトログラムで，サ行とザ行の音を見比べてみよう（図 2.15）．

　「さ」のスペクトログラムでは，0.2 s あたりが/s/ である．うっすらと 4000 Hz 以上の高域に分布する成分がみられるがこれが /s/ である．「ざ」のスペクトログラムでも，0.2 s あたりにうっすらと高域まで分布する成分がみられる．さらに，それに先立って，500 Hz 以下に強い成分が観察できる．この部分をボイスバーと呼び，これは声帯振動が起こっている（すなわち，有声音である）ことを示している．

　調音位置によるスペクトログラムの違いもみておこう．/p/，/t/，/k/ はそ

[*9]　図 2.13 は各言語の子音の発声方法を正確に表現しているわけではないので，図 2.14 とは記号の分類が異なっているところがある．例えば IPA による一般的な音素の分類では /r/，/l/ は流音（liquid）に分類されるが，日本語のラ行の音ははじき音（flap）に近い音である．

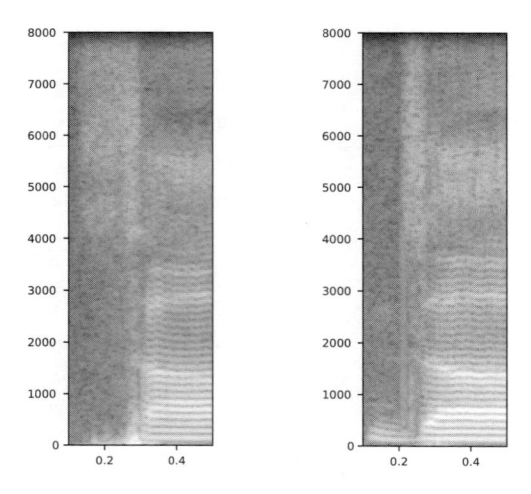

図 2.15　「さ」(左) と「ざ」(右) のスペクトログラム. サンプリング周波数は 16000 Hz.

れぞれ無声の両唇破裂音, 歯破裂音, 軟口蓋破裂音に分類される (表 2.1 で確認してみよう). それぞれの子音を, 母音「あ」とセットにして無声で発声すると, 無声破裂子音 /pa/, /ta/, /ka/ になる (図 2.16). /p/, /t/, /k/ の部分は, 調音位置が異なることに対応して周波数成分に違いがあることがわかる (/p/ は高めのところが弱い, /t/ は全体的に成分がある, /k/ は /t/ に比べると低い成分が強いなど). また, /b/, /d/, /g/ はそれぞれ有声の両唇破裂

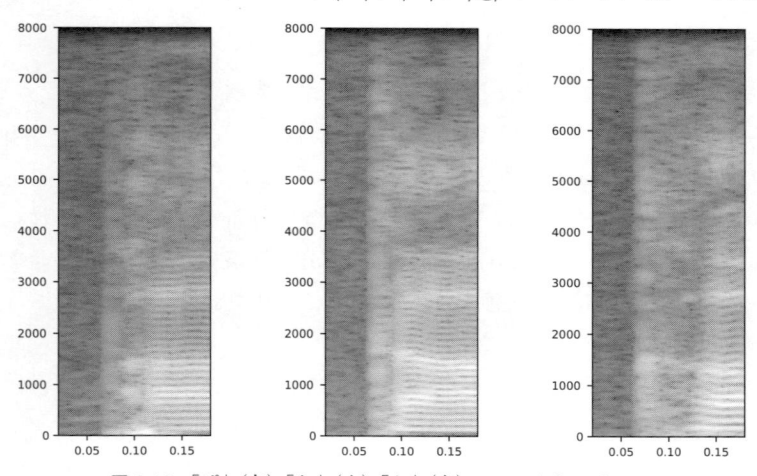

図 2.16　「ぱ」(左)「た」(中)「か」(右) のスペクトログラム.

音，歯破裂音，軟口蓋破裂音である．有声破裂子音 /ba/，/da/，/ga/ では，図 2.15 の「ざ」の音の最初の 0.2 s で確認されたボイスバーと同じものが観察される．

2.3.3 拗　　　　音

日本語には特殊な音素の発声方法として，拗音と長音がある．

拗音とは，通常の母音や子音から少し変化して発音される音である．現代日本語では，主に母音や子音が硬口蓋化（舌が硬口蓋に寄って盛り上がって発音）することによって拗音になる．例えばヤ行（/y a/，/y u/，/y o/）の音は母音が硬口蓋化した音，キャ行（/ky a/，/ky u/，/ky o/）の音はカ行の子音が硬口蓋化した音，シャ行（/sy a/，/sy u/，/sy o/）の音はサ行の子音が硬口蓋化した音である．

日本語には，他にも円唇化（唇を丸めて発音）した拗音「クヮ」（/kw a/）などがある．

2.3.4 特殊な音素

日本語には「長音」と呼ばれる特殊な音素がある．長音は隣接する母音または子音を伸ばすことで発音される音素で，独自の調音方法を持たない．

長母音/H/は直前の母音を伸ばして発音した音で，書き言葉では「ー」と書く（例えば，「ビール」（/biHru/））*10)．ただし単語によっては「ー」を使わずに表記する場合もある（例えば，「おばあさん」（/obaHsaN/））．

長子音（促音とも呼ばれる）/Q/は直後の破裂子音や摩擦音を伸ばして発音した音で，書き言葉では「っ」と書く（例えば，「あっさり」（/aQsari/））*11)．

ここまででみてきたように，各音素の調音位置や調音方法の違い，および有声性による周波数成分の違い（すなわち，スペクトログラム上の形の違い）は，人や機械が音声を聞き分ける際の重要な情報源になっている．表 2.2 は，日本

---

*10) 「ビル」（/biru/）と「ビール」（/biHru/）には意味的な対立があることから，日本語の長母音/H/は独立した音素であるとわかる．

*11) 「アサリ」（/asari/）と「あっさり」（/aQsari/）には意味的な対立があることから，日本語の促音/Q/は独立した音素であるとわかる．

表 2.2 日本語の音素の一覧[9].

直音系列モーラ	拗音系列モーラ	周辺的モーラ	
ア イ ウ エ オ a i u e o	ヤ ユ ヨ ya yu yo	イェ ye	
カ キ ク ケ コ ka ki ku ke ko	キャ キュ キョ kya kyu kyo	クヮ kwa	
ガ ギ グ ゲ ゴ ga gi gu ge go Ga Gi Gu Ge Go	ギャ ギュ ギョ gya gyu gyo Gya Gyu Gyo	グヮ gwa Gwa	(有声破裂音) (有声摩擦音)
カ゜ キ゜ ク゜ ケ゜ コ゜ @a @i @u @e @o	キ゜ャ キ゜ュ キ゜ョ @ya @yu @yo		(軟口蓋鼻音(鼻濁音))
サ シ ス セ ソ sa sji su se so	シャ シュ ショ sya syu syo	シェ スィ sye si	
ザ ジ ズ ゼ ゾ za zji zu ze zo	ジャ ジュ ジョ zya zyu zyo	ジェ ズィ zye zi	
タ チ ツ テ ト ta cji cu te to	チャ チュ チョ cya cyu cyo	ティ トゥ チェ ツァ ツィ ツェ ツォ テュ ti tu cye ca ci ce co tyu	
ダ デ ド da de do		ディ ドゥ デュ di du dyu	
ナ ニ ヌ ネ ノ na nji nu ne no	ニャ ニュ ニョ nya nyu nyo	ニェ nye	
ハ ヒ フ ヘ ホ ha hji Fu he ho	ヒャ ヒュ ヒョ hya hyu hyo	ヒェ ファ フィ フェ フォ フュ hye Fa Fi Fe Fo Fyu	
バ ビ ブ ベ ボ ba bi bu be bo	ビャ ビュ ビョ bya byu byo	ヴァ ヴィ ヴ ヴェ ヴォ va vi vu ve vo	
パ ピ プ ペ ポ pa pi pu pe po	ピャ ピュ ピョ pya pyu pyo		
マ ミ ム メ モ ma mi mu me mo	ミャ ミュ ミョ mya myu myo	ミェ mye	
ラ リ ル レ ロ ra ri ru re ro	リャ リュ リョ rya ryu ryo		
ワ ヲ wa o	ウィ ウェ ウォ wi we wo		

撥音	促音	長母音
N	Q	H

語話し言葉コーパス[5] で採用されている音素ラベル表記の一覧である．本章では触れなかった音素や発音方法も網羅されている．現代日本語の音声を機械に学習させる際は，このような音素ラベルが広く使われている．

　次章では，スペクトログラムで観察されたような音声の特徴をコンピュータで取り扱うために必要な知識と技術について学ぶ．

コラム 4

音声表記と音素表記

長母音は /H/, 長子音は /Q/ と表記すると説明した. 実はこれらは, 国際音声記号 IPA ではどちらも [ː] と記述する. IPA は調音動作の区別をあらわす記号体系 (音声表記: [ ]) であり, 音素の区別を目的とした記号体系 (音素表記: //) ではないからである.

なぜ音声と音素の記法を分ける必要があるのだろうか? 実は, 1 つの音素には複数の調音動作がありうるのである. 例えば, 同じ「ん」(/N/) の音であっても, 次にどのような音がくるかによって [m], [ŋ] など, 実際の発音はさまざまである. これを異音 (allophone) と呼ぶ. しかし聞き手は異音の違いに通常気づくことはなく, すべて同じ音素と知覚する.

このように, 一見同じ言語の同じ音に聞こえたとしても, その音響的特徴には多様性がある. いわゆる音声認識は, 音声の多様性を統計的に吸収して, 書き言葉に変換する技術であるともいえる. 音声信号処理の奥深さを感じていただければ幸いである.

ᴑᴑᴑᴑᴑᴑᴑ 章 末 問 題

1) 音声波形を拡大しつつ全体を表示するため, 図 2.3 のようにプロットする関数 foldPlot を作成せよ.

2) Common Voice コーパスの日本語コーパス (新しいバージョンの方がデータが多い) をダウンロードし, そこに含まれる「はち」というフレーズを 10 代の男性が発声したファイルの音声をプロットせよ.

また,「はち」というフレーズを 10 代の女性が発声したファイルの音声をプロットし, 比較し, 共通点と相違点を述べよ.

なお, 最近の Common Voice コーパス には, ファイルの属性を説明した .TSV ファイルが付属している. そのファイルを参照して, 条件に合うファイルを探せ.

3) 適当な単語をサンプリング周波数 48000 Hz で録音し, スペクトログラムを表

示せよ．次に，その音声をサンプリング周波数 16000 Hz，8000 Hz にダウンサンプリングして subplot を用いてスペクトログラムを縦に並べて表示せよ．

　Python で 48000 Hz の音声をダウンサンプリングする方法はいくつかある．librosa.load は，sr で指定したサンプリング周波数に自動で変換する．

```
yMitaka16k, sr = librosa.load('mitaka48k.wav',sr=16000)
```

また，resample 関数を使う方法もある．

```
yMitaka, sr = librosa.load('mitaka48k.wav',sr=None)
sr16k = 16000
yMitaka16k = librosa.resample(yMitaka,orig_sr=sr,target_sr=sr16k)
```

4）なるべく多くの種類の母音・子音を含む単語もしくは短文を考え録音せよ．その録音に対し，Praat で音素セグメンテーションを行え．Praat を用いたセグメンテーションについては，https://sites.google.com/site/utsakr/Home/praat/segmentation を参考にせよ．

5）適当な単語の子音の部分を中心に 200 ms 程度のスペクトログラムを表示し，子音の特徴を観察せよ．

　スペクトログラムで表示する時間の範囲を制限するのは，xlim を使うのが簡単である（この例は解答の例ではない）．

```
yPa, sr = librosa.load('pa48k.wav',sr=16000)
plt.specgram(yPa,Fs=sr,NFFT=1024,window=np.hanning(1024),
             noverlap=1024-32)
plt.xlim(0.1,0.4)
```

6）母音 /a/ を発声せよ．ただし，鏡を使って口の中を観察したり，発声時の口内の器官の位置を推測し，どのような特徴があるか説明せよ．

7）発声するときに舌先を使う子音をなるべく多くあげよ．

3 音声のスペクトルの基礎

音声を分析・可視化する手段として，ここまでに，音声信号処理の基本的な処理である音声波形と，スペクトログラムをみてきた．実際の情報処理では，これらに加えてさまざまな分析方法（計量方法，処理）が用いられる．特に，音の高さと強さの成分を可視化するためのスペクトル分析は，音声信号を理解し，コンピュータで取り扱う上で重要な手法である．

そこで本章では音声のスペクトルについて詳しく学ぶ．また，スペクトルの各軸の対数を取ることが音声信号処理の上で便利であることを学ぶ．さらに，本章の後半では，2章で取り上げた声帯由来の音と声道で作られる音色がそれぞれ声帯スペクトル・声道フィルタとして表現可能であり，これらの重ね合わせが音声のスペクトルであることを学ぶ．

プログラム 3.1 この章で利用するパッケージ.

```
import librosa
import matplotlib.pyplot as plt
import numpy as np
import IPython.display
import numpy.fft
from scipy import signal
```

3.1 複合波のスペクトル

さまざまな周波数と振幅を持つ波が複数重ね合わさった波のことを複合波と呼ぶ．音声や太陽光，地震波，脳波などは代表的な複合波である．スペクトル（spectrum）とは，これらの複合波を周波数成分ごとに分解し，それぞれの周波数がどの程度の強さ（振幅）で重ね合わさっているかをわかりやすく並べた

もののことである.

　スペクトルを視覚化した図そのものもスペクトルと呼ばれる.　図 3.1 は,図 2.2 の 2 人の話者の「あ」の音声波形をそれぞれスペクトルにしたものである.　横軸が周波数成分 [Hz] をあらわし,縦軸が音の強さである振幅をあらわしている.　音声のスペクトルでは,振幅には単位と数値を示さないことが多い.　なぜなら,音声信号処理において,振幅の値は任意に決められた録音レベルと量子化ビット数によって決まる値であり(1.3.1 項を思い出そう),数値自体に物理的な意味がないからである.　スペクトルの振幅は,特定の条件で録音された音声波形の相対的な比較にのみ意味があると考えてよい.

　まずは図 3.1 をざっと眺めてみて,どんなことがわかるか考えてみよう.　まず,スペクトルの全体が細かいギザギザとした山と谷でできていることがわかるだろう.　これらの山は倍音(ハーモニクス)と呼ばれ,声帯によって作られる基本周波数(2.2.1 項)の 2 倍,3 倍,4 倍,...の周波数のところに規則正しくあらわれるパターンである.　さらによくみると,倍音とは別に,全体に大きなうねりがみえるだろう.　これはスペクトル包絡と呼ばれる.　スペクトル包絡のパターンは音声の発声に関する器官(図 2.9)の形によって変化する.

　図 2.2 の音声波形の観察から得られた,「同じ母音なら 2500 Hz 以下の低い部分の振幅のおおまかな形が似ている」とか「話者によって声の高さ(基本周波数)が異なる」といった印象も,スペクトルにすることで確かめることができる.

　他にもスペクトルからわかることは非常に多い.　以降の節では,スペクトルの求め方と解釈の仕方を詳しく学んでいく.

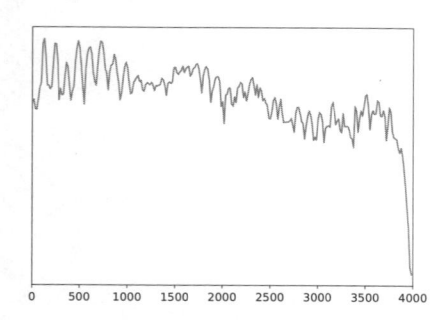 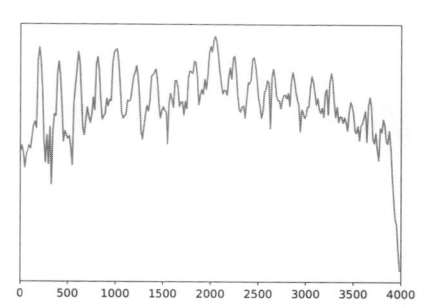

図 3.1　図 2.2 の 2 人の話者が発声した母音「あ」のスペクトル.

コラム5

振幅スペクトルと位相スペクトル

　スペクトルとは複合波の各周波数成分を取り出したものであるから，本書で登場する「スペクトル」はすべて「周波数（成分の）スペクトル」を意味している．また，スペクトル図の横軸は通常，周波数である．

　スペクトル図の縦軸を何にするかは分析の目的によって異なる．波は振幅（点がどれだけ上下に振れるか）に加えて位相（その時点で点がどこにあるか）の情報を持つので，縦軸で位相をあらわす場合もある．音声信号処理では音の各周波数成分がどれくらいの強さを持つか（すなわち，音の振幅）が重要なので，本書では特に但し書きがなければ，縦軸は振幅（の絶対値）をあらわした振幅スペクトルであると考えてよい．

ⅰⅼⅼⅼⅼⅼ. 3.2　音波のスペクトル

1つの振幅，周波数を持つ波を正弦波と呼び，正弦波が作る音を純音と呼ぶ．複雑な音を観察する前に，まずは純音の周波数と振幅について理解しよう．

正弦波の式は以下である．

$$y(t) = b\sin 2\pi f t \tag{3.1}$$

正弦波から位相が $\pi/2$ ずれた波を余弦波と呼ぶ．余弦波の式は以下である．

$$y(t) = a\cos 2\pi f t \tag{3.2}$$

ここで，a, b は波の振幅をあらわし，f は $1\,\mathrm{s}$ 間に上下する波の回数（すなわち周波数）をあらわす．t は時間（単位は秒）である．これで純音を式で記述することができた．

あらゆる複雑な波形は，単純な正弦波と余弦波の足し合わせで表現できる．このような音波を複合音と呼ぶ．複合音は以下のように表記できる．

$$y(t) = a_0 + a_1\cos\omega_1 t + b_1\sin\omega_2 t + a_2\cos\omega_3 t + b_2\sin\omega_4 t$$
$$+ \cdots + a_n\cos\omega_{2n-1}t + b_n\sin\omega_{2n}t \tag{3.3}$$

ここで a_0 は波の中心（$\cos 0$）の振幅である（直流成分ともいう）．正弦波と余弦波を足し合わせることで，最初の位相（点の位置）が 0 や 1 でない波も表現できる．周期的な波はすべて，基本周波数の整数倍の周波数の波が足し合わさってできていると仮定できることから，以下の式が成り立つ．

$$y(t) = a_0 + a_1 \cos \omega t + b_1 \sin \omega t + a_2 \cos 2\omega t + b_2 \sin 2\omega t$$

$$+ \cdots + a_n \cos n\omega t + b_n \sin n\omega t \tag{3.4}$$

一般化して書くと，

$$y(t) = a_0 + \sum_{k=1}^{n} (a_k \cos k\omega t + b_k \sin k\omega t) \tag{3.5}$$

または

$$y(t) = a_0 + \sum_{k=1}^{n} (a_k \cos 2\pi f k t + b_k \sin 2\pi f k t) \tag{3.6}$$

Python で複合音を作ってみよう．ここではサンプリング周波数 sr は 8000 Hz とする．

プログラム 3.2　複合音の生成．

```
sr = 8000
t = np.arange(0,1,1/sr)
a0 = 1.4; a = np.array([[0.9], [1.4]]); b = np.array([[1.2], [1.8]])
f = 440
n = np.array([[1], [2]])
y = a0 + np.sum(a*np.cos(2*np.pi*f*n*t)+b*np.sin(2*np.pi*f*n*t),
               axis=0)  ⟵①

r=np.arange(0,200)
plt.plot(t[r],y[r])  ⟵②
plt.xlabel('Time (s)')

IPython.display.Audio(y,rate=sr)
```

正しく生成できると，図 3.2 が表示され，正弦波より濁った音が再生される．① では，NumPy のベクトルをまとめて計算する機構を利用している．② では，plot 関数で音声ファイルをプロットしている．plot は 2 つの引数を指定すると第 1 引数は横軸，第 2 引数は縦軸となる．

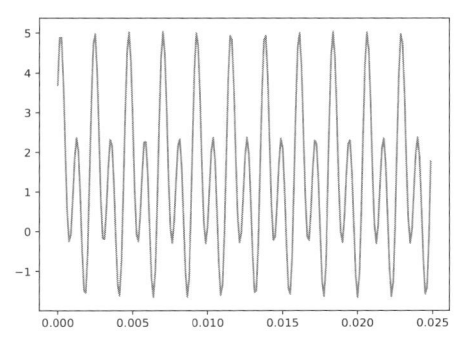

図 3.2 生成した複合音の波形（横軸は秒）.

今度はこの複合音の波形を解析して，逆に周波数と振幅を求めてみよう．離散フーリエ変換（Discrete Fourier Transformation, DFT）を行うことで，複合音の波形から周波数成分と振幅を抽出することができる．Python では次のようにして簡単に実行できる.

```
nFFT = 1000
S = np.fft.rfft(y,nFFT)
plt.plot(abs(S))
```

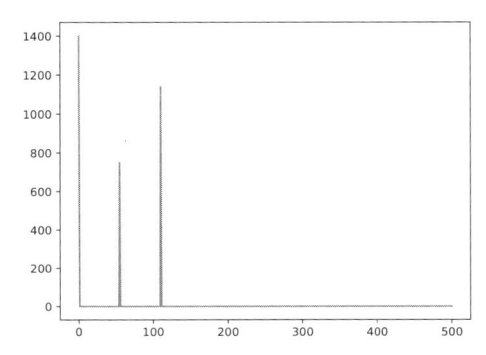

図 3.3 複合音のスペクトル（横軸は離散フーリエ変換の出力サイズ [点]）.

Python（NumPy）の離散フーリエ変換は，次の式で定義される.

$$A_k = \sum_{m=0}^{n-1} a_m \exp\left\{-2\pi i \frac{mk}{n}\right\} \tag{3.7}$$

ただし $k = 0, \ldots, n-1$ である．a_m が時間波形データで，A_k がスペクトルである．また，i は虚数単位である.

　ここで，$\exp\{(-2\pi i)/n\}$ は 1 の n 乗根の 1 つである．上記の例では，サンプリング周波数が 8000 Hz なので，2π が 8000 Hz となる．標本化定理により，この場合，4000 Hz が正確に再現される限界である．これをナイキスト周波数とよぶ．また，n は $4000/8 = 500$ となる．図 3.3 のプロットから，振幅が 0 でない k は，$k = 55,\ 110$ である．したがって，例えば，$k = 55$ のときの A_k は $55 \times 8 = 440$ Hz の成分の係数である．

　係数をみてみる．

```
S[55]
```

```
(450.00000000000415-599.9999999999973j)
```

```
S[110]
```

```
(700.0000000000147-899.9999999999894j)
```

Python では，虚数単位を表すのは i ではなく j である．

　式 (3.7) の exp の項は，例えば，$k = 2$ のとき

$$\exp\left\{-2\pi i \frac{2m}{n}\right\} \tag{3.8}$$

$$= \cos\left(-2\pi\frac{2m}{n}\right) + i\sin\left(-2\pi\frac{2m}{n}\right)$$

$$= \cos 2\pi\frac{2m}{n} - i\sin 2\pi\frac{2m}{n} \tag{3.9}$$

と，複素数になる．実部が cos，虚部が sin である．複合音の S[55] に対応する cos の係数は $a_1 = 0.9$，sin の係数は $b_1 = 1.2$ である．この比率 $3:4$ は，S[55] の実部 450，虚部 600 の比率と同じである．

　この成分の振幅，位相は次のように求められる．

```
np.abs(S[55])
```

```
750.0000000000003
```

```
np.angle(S[55])
```

```
-0.9272952180016056
```

ıllılı... **3.3　音声のスペクトル**

3.3.1　振幅スペクトル

　音声波形は複合音の一種である．したがって，音声波形も正弦波と余弦波に分解することができる．a-falsetto.wav のスペクトルをプロットしてみる．

プログラム 3.3　音声の振幅スペクトルのプロット．

```
y, sr = librosa.load('a-falsetto.wav',sr=8000) ⟵①
nFFT = 1024
plt.plot(y)
plt.figure(); plt.plot(y[2000+np.arange(nFFT)])
yWindow = y[2000+np.arange(nFFT)]*np.hanning(nFFT) ⟵②
plt.figure(); plt.plot(yWindow)
S = np.fft.rfft(yWindow)
frequency = np.fft.rfftfreq(nFFT,1/sr)
plt.figure(); plt.plot(frequency,np.abs(S)) ⟵③
```

　まず，8000 Hz にダウンサンプリングして読み込む（①）．次に，母音の中心部分の 125 ms を取り出して，窓関数を適用して（窓をかけて）波形のはじまりと終わりを丸める（②）．窓関数については次節で詳しく述べる．複数の種類があるが，ここではハン窓（hann）を使用した．ハン窓をかけた結果の波形が図 3.4 である．ここでは横軸はデータ点（サンプル）数で時間をあらわしている．サンプリング周波数が 8000 Hz（1 s あたり 8000 回のデータ点を得る）なので，125 ms（0.125 s）からは 1024 個のデータ点が得られることになる．

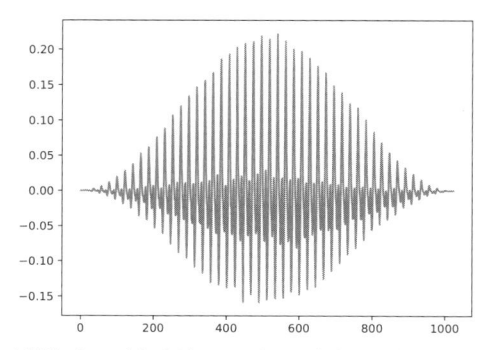

図 3.4　窓関数（ハン窓）を適用して丸めた音声波形（横軸は時間 [点]）．

続いて離散フーリエ変換をして，絶対値を取る（③）．その結果得られるのが

下図の振幅スペクトルである．横軸は周波数成分 [Hz]，縦軸が振幅をあらわしている．音声波形の振幅には単位がない．そもそも，収録時の録音レベルで音声波形の振幅は変化するため，絶対的な値にはそれほどの意味はない．また，スペクトルについては同じ波形に対してもフーリエ変換の点数によって振幅の値が変わるので，通常は単位をつけない．

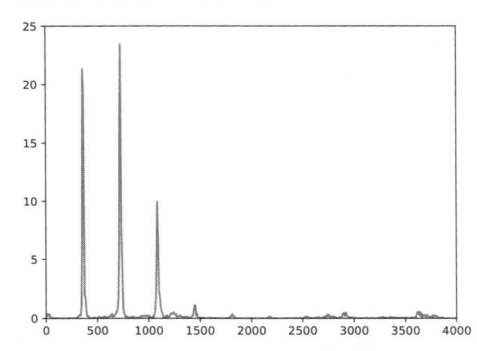

図 3.5 fft で求めた振幅スペクトル（横軸は周波数 [Hz]）．

図 3.5 のプロットのピークの場所を調べるには，次のようにするのが便利である．

```
frequency[signal.find_peaks(np.abs(S), distance=40, height=1)[0]]
```

この結果から，359 Hz，727 Hz，1086 Hz に大きな成分があることがわかる．また，1453 Hz など，それらより高い周波数にも成分を観察できる．

　なお，今回は観察が容易になるように，周波数成分が少ない「裏声」という特殊な話し方の母音を分析している．普通に話した母音の振幅スペクトルでは，より多様な周波数成分が観察されるはずである．自分の声で試してみよう．

　ところで，例えば，360 Hz に対応するフーリエ係数をみると $-8.36 - 19.63\,i$ と表示されることから，余弦波と正弦波から構成されていることがわかる．3.2 節で学んだ複合音波の基本と異なり，ここでは成分が必ずしも整数倍の関係になっていないことに気づく．これは，この離散フーリエ変換の周波数解像度が $8000/1024 = 7.8125$ Hz であることに起因する．

　より細かい周波数解像度で分析したいときには，ゼロ詰めというテクニックが有効である．

```
SZeroPadding = np.fft.rfft(yWindow,8192)
frequencyZeroPadding = np.fft.rfftfreq(8192,1/sr)
plt.plot(frequencyZeroPadding, np.abs(SZeroPadding))
```

このプログラムでは，セグメント yWindow より長い点数で離散フーリエ変換している．np.fft ではこのような場合には，信号の後に必要な数だけ 0 を追加して離散フーリエ変換する．このようにすると，離散フーリエ変換の点数が増えるため周波数解像度が $8000/8192 = 0.98\,\mathrm{Hz}$ となる．このプロットでは，大きな成分の周波数は $362\,\mathrm{Hz}$，$725\,\mathrm{Hz}$，$1088\,\mathrm{Hz}$ となる．

　離散フーリエ変換はあくまでも周波数成分の近似値を求める手法であって，正しく理解して使わなければ正確（に近い）値を得ることはできないと覚えておこう．

3.3.2　フレーム処理

　人がしゃべる内容は刻一刻と変化していくため，当然音声波形も時間経過とともに変化する．離散フーリエ変換では，分析対象の波形がちょうど周期の長さになって，対象前後も同じものが繰り返されると仮定している．しかし，音声のような変動する複合波に対してそのような仮定はまったくあてはまらない．そのため，音声のスペクトル分析を正確に行うためには，音声信号を定常な複合音であると疑似的にみなせる十分に短い時間単位に切り分けて，それぞれの単位で個別に離散フーリエ変換を実施する必要がある．この時間単位をフレームと呼ぶ．

　フレーム処理のイメージを図 3.6 に示す．

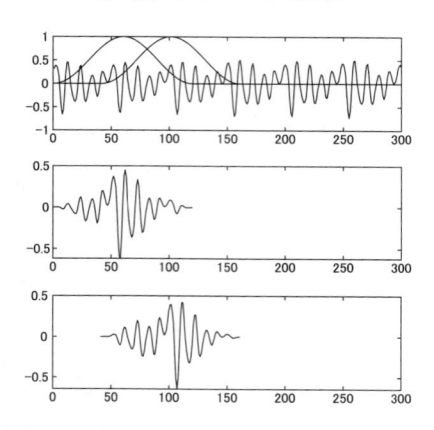

図 3.6 フレーム処理のイメージ（1 段目：元音声，2 段目：第 1 フレーム，3 段目：第
2 フレーム（フレーム長：120 点，フレームシフト：40 点））.

　図 3.6 の第 1 フレームと第 2 フレームは 40 点ずれている．このずれのこと
をフレームシフトと呼ぶ．この例では，フレームの長さの半分をずらしている．
　一般にフレーム処理では，一定のフレーム長で処理を行う．1 つのフレーム
内に 2 周期程度の音声信号が含まれていれば，音声のスペクトル情報を取り出
すことができる．フレームの長さは経験的に 20〜50 ms，フレームシフトの長
さは経験的に 10 ms 程度が用いられることが多い．この長さであれば，子音の
ような時間変化が短く急激に変化する音声の情報も，おおむね過不足なく取り
出すことができる．
　フレームを離散フーリエ変換する場合には，対象の前後で繰り返されるとき
に連続的につながるように，両端が減衰する窓関数をかける．窓関数による違
い（効果）を確かめてみる．ここではハン窓（図 3.4）と矩形窓（`boxcar` 関
数）を比較する．矩形窓は波形を単に切り出すだけで，一切の丸め処理を行わ
ない．

```
nFFT = 512
yA, sr = librosa.load('a8k.wav',sr=None)
yASegment = yA[2000+np.arange(nFFT)]
SARect = np.fft.rfft(yASegment*signal.windows.boxcar(nFFT))
frequency = np.fft.rfftfreq(nFFT,1/sr)
plt.plot(frequency, np.log(np.abs(SARect)),linewidth=0.5)
SAHann = np.fft.rfft(yASegment*np.hanning(nFFT))
plt.plot(frequency, np.log(np.abs(SAHann)))
```

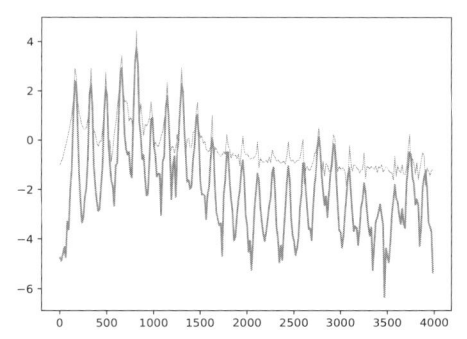

図 3.7　窓関数の効果（太線：ハン窓，細線：矩形窓）．

　窓関数は元の信号を減衰させるため，ピークの絶対的な高さは低くなる．しかし，窓関数により周期性が強調されるため，倍音成分のピークの相対的な高さが高くなり，ピークが明確化される．

　窓関数を用いる第 2 の理由は，フレームから波形を再構成するときにフレーム間の遷移を滑らかにするためである．フレーム幅の半分でシフトして作成したフレームを半分ずつ重ねて再構成するときの窓関数の加算した結果を図 3.8 に示す．このように重なっている部分の和は 1 となっているので，元のままになることがわかる．

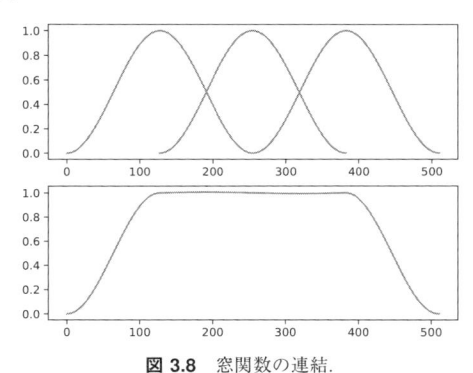

図 3.8　窓関数の連結．

3.3.3　対数振幅スペクトルと対数パワースペクトル

　音の強さに関しては，弱い音を聞き取れる一方で，大きな音も聞き取れるという，他の知覚と共通する刺激への応答がある．

対数を取る効果を次の図 3.9 に示す.

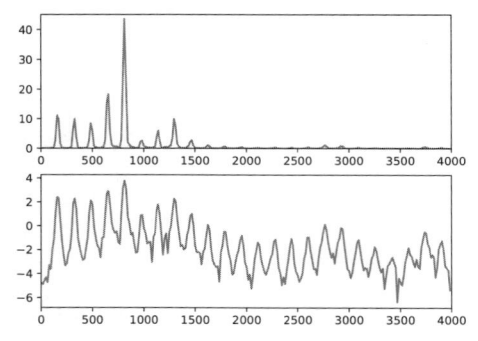

図 3.9 対数の効果（上：振幅スペクトル，下：対数振幅スペクトル）.

　対数を取るとかなり高い倍音まで観察できる．Matplotlib のスペクトログラムも既定の設定として，スペクトルの強度に関しては，対数を取って表示している．

　伝統的に信号の強さに関するものは，振幅の絶対値の 2 乗の値であるパワーに相当する物理量を対象にすることが多い（振幅は正負の値を取るため，2 乗して正値にそろえた方が取り扱いが便利なため）．したがって，音声信号処理ではパワースペクトルもよく用いられる．なお，対数を取った場合，対数振幅スペクトルと対数パワースペクトルのグラフの形は同じになる．

　Python では，フレーム処理してスペクトルを求める短時間フーリエ変換（Short Time Fourier Transform, STFT）の関数 stft が用意されている．この関数を用いると，ループ処理などせずにフレーム処理されたスペクトルが簡単に求められる．

```
yAiueo, sr = librosa.load('aiueo16k.wav',sr=None)
nFFT = 1024; nOverlap = 512
f, t, S = signal.stft(yAiueo, fs=sr, nperseg=nFFT, noverlap=nOverlap)
plt.plot(f,np.log(np.abs(S[:,19])))
```

上記のプログラムで得られる図をみると，/u/ に対応したスペクトルが問題なく求まっていることが確認できる.

コラム 6

対数とデシベル

音声信号処理では，極めて小さな値から大きな値までを取り扱うことがあるので，さまざまなところで対数が登場する．対数値を取り扱うときに登場する便利な基準がデシベル（dB）である．デシベルとは「ある基準となる値」に対する，対象の値の大きさを対数スケールで示した相対値で，値が振幅の場合，以下のように定義される．

$$\mathrm{dB} = 20 \times \log_{10}(対象値/基準値)$$

例えば，基準値に対して対象値が 1000 倍（10^3 倍）だった場合，対象値は $3 \times 20 = 60\,\mathrm{dB}$ と表記される．

デシベルの値は基準値と対象値の比率であることを常に意識しておこう．音声信号処理では，異なる基準値を使ったさまざまなデシベルがあり，デシベルが何を意味するかはそのとき扱っている問題によって異なる．そこで混乱を避けるため，本書の説明では極力デシベル表記を使わないことにした．やむを得ずデシベルを使う場合は，脚注で基準値を明記した．なお，デシベルの定義や用例についてより詳しく知りたい読者には，文献[10]をおすすめする．

ᵢₗₗₗₗᵢᵢ. 3.4 スペクトログラムによる音声の観察

前述したようにスペクトルの時間変化を可視化するものがスペクトログラムである．音声のどの部分が母音なのか子音なのか，また，母音や子音の音色がどのように変化しているかなど，スペクトルの時間変化を観察しようとするときにスペクトログラムは便利な道具である．ただし，スペクトログラムを表示するためには，スペクトルを求める設定に加えて時間に関する設定も行わなければならない．表示の目的にあった設定にすることが重要である．

まず，母音と子音の違いを観察する例を示す．

プログラム 3.4　母音と子音の違いを観察するためのスペクトログラム.

```
yMitaka16k, sr = librosa.load('mitaka48k.wav',sr=16000)
nFFT = 512; nShift = 128
plt.specgram(yMitaka16k,Fs=sr,NFFT=nFFT,window=np.hanning(nFFT),
             noverlap=nFFT-nShift)
plt.xlabel('Time (s)')
plt.ylabel('Frequency (Hz)')
```

母音の特徴は周期性があること，通常の発声では，低くても基本周波数は 100 Hz 程度はあること，子音の長さは 10 ms 程度はあることから，サンプリング周波数が 16000 Hz の場合，倍音成分の有無が明確になるように，FFT 長を 512 点とした．この場合，周波数解像度は 31.25 Hz である．フレームシフトは 128 点とした．これは，8 ms である．

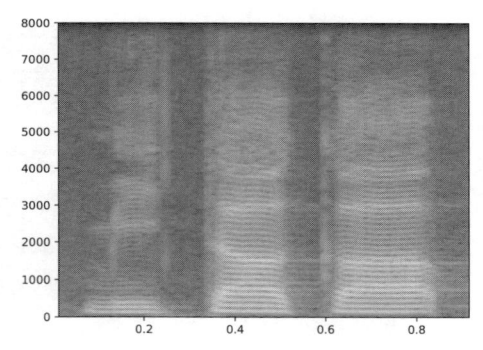

図 3.10　母音と子音が区別できる可視化.

　母音のところでは倍音構造が観察でき，倍音構造が観察できない子音の部分と区別できる．

　このスペクトログラムでは，拡大してみても，子音 /k/ が開始する時刻は 0.588 s にみえる．しかし，その部分の波形を拡大すると図 3.11 のようになる．このようにフレーム途中で音が開始する場合には，スペクトログラムでは開始時刻が早まったようにみえることに注意しないといけない．また，時間軸がフレームの中央点の値となっているため，t[0] が 0 でない点に注意すること．

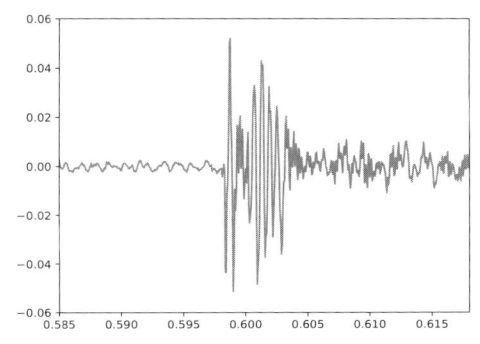

図 3.11 /mitaka/の k の開始時刻の波形.

次に，母音の共通点を観察する例を示す．次のスペクトログラムは，2.1.1 項の音声のものである．声の高さが違うので，倍音成分の数などは異なるが，フォルマントが倍音成分でも特に強いものとして表示されていることが観察できる．

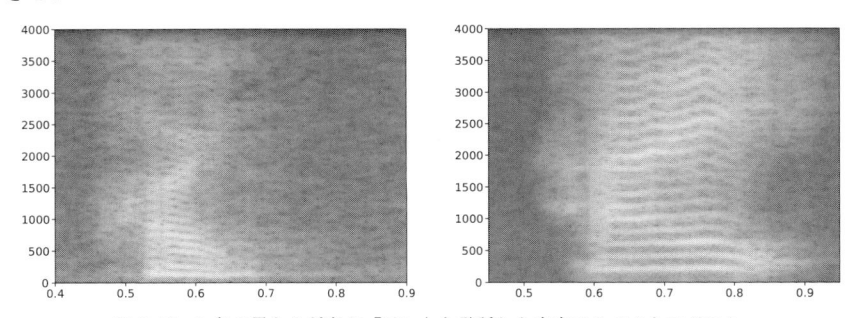

図 3.12 2 名の異なる話者が「はい」と発話した音声のスペクトログラム.

単にフォルマントだけを観察する場合には，個々の周波数成分を区別できる必要がないので，周波数解像度を下げるとよい．

FFT の分析窓幅と周波数解像度の関係をみてみる．

プログラム 3.5 分析窓幅とスペクトル.

```
ySa, sr = librosa.load('sa48k.wav',sr=8000)
nFFT = 512; nNarrow = 256; nWide = 64
SNarrow = np.fft.rfft(ySa[3200+np.arange(nNarrow)]*np.hanning(nNarrow),
                nFFT)  ⟵ ①
frequency = np.fft.rfftfreq(nFFT,1/sr)
plt.plot(frequency, 20*np.log10(np.abs(SNarrow)), ':')  ⟵ ②
SWide = np.fft.rfft(ySa[3200+np.arange(nWide)]*np.hanning(nWide),nFFT)
```

```
          ⇦ ③
plt.plot(frequency, 20*np.log10(np.abs(SWide)))  ⇦ ④
```

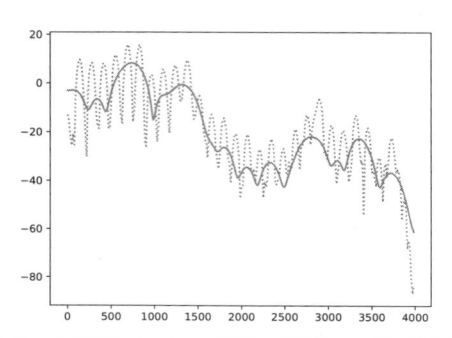

図 3.13　広帯域スペクトル（実線：広帯域，点線：狭帯域）．

①の ySa はサンプリング周波数 8000 Hz の音声信号（男性話者によるもの）である．適当なインデクスを指定（ここでは 3200）して母音の部分を分析している．分析窓幅は 256 点である．②で，このスペクトルを点線でプロットしている．次に，分析窓幅 64 点で分析し（③），重ねて実線でプロットする（④）．実線のプロットをみると，フォルマントに対応したピークが観察できる．このようなスペクトルを広帯域スペクトルと呼ぶこともある（対比されるものの名称は狭帯域スペクトルである）．

　同様なスペクトログラムも作成できる（図 3.14）．フォルマントが観察しやすくなったことがわかる．ただし，広帯域スペクトログラムからフォルマントを求める方法はあくまで簡易的な手法である．例えば，音声が以下の特徴を持っている場合，正確なフォルマントの値が得られにくくなることに注意しよう[1]．

- 音声の基本周波数が大きい場合．倍音は基本周波数の整数倍である（3.1 節）．基本周波数が大きい音声では，狭帯域スペクトルの倍音の間隔（山と山の間隔）が広がり，広帯域スペクトルのピーク同士の間隔も広がるため，真のフォルマントの値とは異なる場所でピークが現れることがある．
- 声帯のエネルギーが弱い場合．例えば裏声などは，声帯を完全に閉鎖せずに弱い振動を起こす発声法である．このような話し方では，倍音成分のエネルギーが全体的に弱くなり，特に高周波数領域の倍音の振幅が小さくな

---

[1]　声道形状からフォルマント周波数が生成されるメカニズムは 4 章で詳しく学ぶ．また，フォルマントをより詳細に分析する手法は 6 章で説明する．

る．このため，広帯域スペクトル上でフォルマントのピークが十分に明瞭に現れない場合がある．

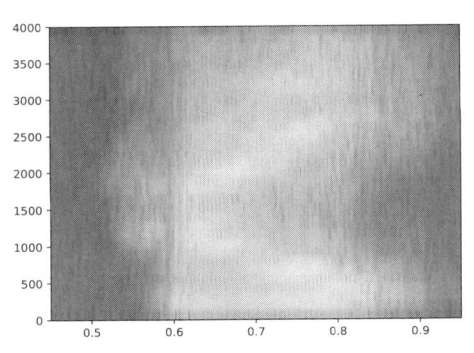

図 3.14 「はい」と発話した音声の広帯域スペクトログラム．

最後に，自分で求めたスペクトルをスペクトログラムとして表示する方法を説明する．ここでは，stft で求めたスペクトルをスペクトログラムとして表示する例を示す．その場合，specshow 関数を用いるのが簡単である．

プログラム 3.6 specshow 関数を用いたスペクトログラムの表示．

```
yMitaka16k, sr = librosa.load('mitaka48k.wav',sr=16000)
nFFT = 512; nShift = 128
f, t, SMitaka = signal.stft(yMitaka16k, fs=sr, nperseg=nFFT,
                            noverlap=nFFT-nShift)
librosa.display.specshow(20*np.log10(np.abs(SMitaka)), cmap='viridis',
                         x_coords=t, x_axis='time',
                         y_coords=f, y_axis='linear')
```

この手法を用いると，自分で加工したスペクトルの時間変化も観察できる．

ılılıı. **3.5 母音生成の音源フィルタ理論**

声帯の振動によって音が作られ（2.2.1 項），声道の形によって音色がつけられて母音や子音になり（2.2.2 項），口から音声波形が放出されると，すでに説明した．音声波形は音源（声帯）で生み出された音のスペクトルが，共鳴管（声道）で変形を受けた結果であると考えることができ，これを音源フィルタ理論と呼ぶ．図 3.15 はこの理論の図解である．

声帯では左右の襞（声帯襞または声唇）が開閉することによって音が作られ

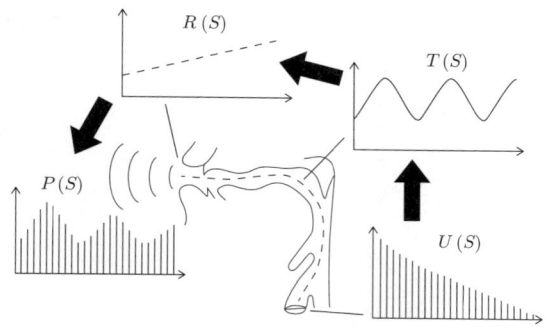

$$P(S) = U(S)\,T(S)\,R(S)$$

図 3.15　母音に対する音源フィルタ理論の図式表示.

る（図 2.8）が，これは特殊な複合音になっていて，声帯から生み出される音のスペクトルは図 3.15 の右下のような，低域の周波数にエネルギーが集中した倍音構造を持つ線スペクトルになっている（$U(S)$，ただし S は周波数インデクス）．この倍音構造の間隔が基本周波数に対応し，その間隔は，後述の声道フィルタなどでは変化しないため，ここで決まった基本周波数が出力される声の高さとなる．

　声道では声帯スペクトルが変形して言語音が生成される．スペクトルを変形させるものをフィルタと呼ぶ [*2]．フィルタとはある周波数帯だけを通過させたり強調させたり，ある周波数帯を抑制したりするしくみのことで，フィルタの特性はスペクトルに対応する伝達関数（応答曲線とも呼ぶ）として示される．すなわち，声道は可変の伝達関数を持ったフィルタであるといえる．これを声道フィルタ（$T(S)$）と呼ぶ．音声信号処理ではさまざまなフィルタが登場するので，混同しないように注意しよう [*3]．

　口唇から音が出力されるときに $R(S)$ というフィルタが適用されている．この R は，狭い空間である声道から音声波が，広い空間である空気中に放出されるときの特性である．図 3.15 のように，低域が弱まるような周波数特性を持

[*2]　周波数軸方向に沿って振幅を変形させるため，周波数フィルタと呼ぶことがある．ところで，3.3.2 項で学んだ時間軸方向の窓関数は時間軸に沿って振幅を変形させるため，これもフィルタの一種とみなして時間フィルタと呼ぶ場合がある．音声信号処理では，一般的にフィルタといえば周波数フィルタを指す．

[*3]　本書では声道フィルタの他にも，プリエンファシスフィルタ（5.2 節）やメル周波数フィルタ（5.4 節）などを扱う．

つ. 出力されるスペクトル P は，次の式で計算できる.

$$P(S) = U(S)T(S)R(S)$$

4章では，ここで学んだことを使って実際に母音を生成してみよう.

章末問題

1) 実際に5母音を繰り返し声に出してみて，声道の形を確認し，波形やスペクトルなどを適当に用いて声道の形状と母音どうしの共通点，相違点を説明せよ.

2) 日本語の適当な子音と適当な母音の違いが明確になるようなスペクトルを表示せよ.

3) 日本語の単語で，3種類以上の母音を含み，4種類以上の子音を含む単語のスペクトログラムを表示し，似ている音はどれか観察して説明せよ.

4) 同じ単語を通常の声（地声）とささやき声で発声し，スペクトログラムを比較し，ささやき声の発声方法について考察せよ.

5) 裏声とはどういう声か調べた上で，同じ単語を通常の声（地声）と裏声で発声し，スペクトログラムを比較し，裏声の発声方法について考察せよ.

6) 「あいうえお」という音素列をゆっくり発声したものを録音し，広帯域スペクトログラムで表示し，それぞれの母音の低い方から2つのフォルマント周波数を推定せよ.

7) 高い声や裏声で発声された音声は，広帯域スペクトログラムからのフォルマント周波数の推定が困難になる．「低い地声」「高い裏声」の2種類で発話した母音を録音し，このことを観察せよ.

8) 適当な母音と子音の広帯域スペクトルをプロットし，母音と子音の特徴について説明せよ.

9) 狭帯域スペクトログラムでの窓関数の効果を考察せよ.

10) specgram 関数の t[0] の値を確認せよ．その値は何をあらわしているか考察せよ．

11) 音声の基本周波数の変化を観察するために，onigiri.wav を次のようなスペクトログラムで可視化せよ．次に，スペクトログラム上で，0.4 s のところの基本周波数を推定せよ．最後に，0.4 s から 4 周期程度の波形をプロットし，基本周波数を推定せよ．

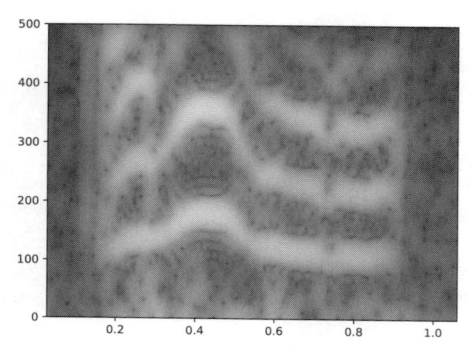

図 3.16 /onigiri/の基本周波数成分．

12) 図 3.17 は，アメリカ英語の母音の表である．日本語と比較し，日本語にはないような母音を，この表に従って発声し，録音せよ．同じ母音を含む単語のネイティブの発音とスペクトルを比較せよ．The American Heritage Dictionary (https://ahdictionary.com/) は単語の発声見本として WAV ファイルが再生されるので利用しやすいだろう．

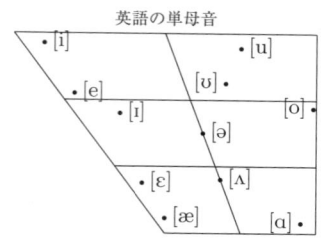

図 3.17 IPA による母音の発声方法の定義（英語の母音）．

4　母音の生成

2.2.2 項では，母音の音色の違いは声道の太さ（断面積）の違いによって起きると述べた．また，3.5 節では声帯スペクトルが声道フィルタを通過することで音声波形の音色が作られることを学んだ．

　ここまでの章で母音が生成されるメカニズムを学び，それをコンピュータで扱うための準備立てが整った．そこで本章では，いよいよ母音をコンピュータで再現してみよう．まず，声道の形がどのように音色を変化させるかを物理的に説明する．さらに実習を通して，実際に母音のような音を作ってみて，このことを確かめよう．

プログラム 4.1　　この章で利用するパッケージ.

```python
import numpy as np
import numpy.matlib
import matplotlib.pyplot as plt
from scipy import signal
import librosa
import IPython.display
```

4.1　物理モデルによる母音発声のモデル化

4.1.1　均一な断面積の気柱の振動

　図 2.9 で学んだように通常の姿勢では，声道は咽頭のところで曲っている．しかし，上を向いて発声しても母音が変わるわけでもないので，声道が曲っていることは母音を区別するには影響を与えない程度の影響しかないことがわかる．母音の音色を近似的に説明するためには，声道のそれぞれの場所での断面積がわかれば十分なことが知られている．つまり，声道を説明するもっとも簡

単な物理モデルは，断面積が変化する気柱である．

断面積の変化は，図 4.1 で示すように声門からの距離の関数 $A(x, t)$ として定義される．この気柱の音の伝わり方は次の偏微分方程式で説明できる（文献[11]，p.32 の式 (2.18)，式 (2.19)）．

$$-\frac{\partial p}{\partial x} = \rho \frac{\partial (u/A)}{\partial t} \tag{4.1}$$

$$-\frac{\partial u}{\partial x} = \frac{1}{\rho c^2} \frac{\partial (pA)}{\partial t} + \frac{\partial A}{\partial t} \tag{4.2}$$

ここで，$p = p(x, t)$ は位置 x における時刻 t の音圧，$u = u(x, t)$ は体積速度，ρ は気柱内の空気の密度，c は音速である．

このような気柱で具体的にどのように音色が変化するかを考えるために，断面積が均一で管の中を音が伝わるときにまったく損失がない場合を考えてみる．つまり，$A(x, t) = A$（A は定数）となる場合である．A が定数だとすると式 (4.1)，式 (4.2) は次のように変形できる．

$$-\frac{\partial p}{\partial x} = \frac{\rho}{A} \frac{\partial u}{\partial t} \tag{4.3}$$

$$-\frac{\partial u}{\partial x} = \frac{A}{\rho c^2} \frac{\partial p}{\partial t} \tag{4.4}$$

ここで，式 (4.3) を t で，式 (4.4) を x で偏微分し整理すると次の式が得られる．

$$\frac{\partial^2 u}{\partial x^2} = \frac{1}{c^2} \frac{\partial^2 u}{\partial t^2} \tag{4.5}$$

この偏微分方程式に関して，声帯での境界条件として

$$u(0, t) = U_G(\omega) e^{i\omega t} \tag{4.6}$$

この式は，声帯振動の体積速度を $U_G(\omega)$ を振幅とする角周波数 ω に対しての

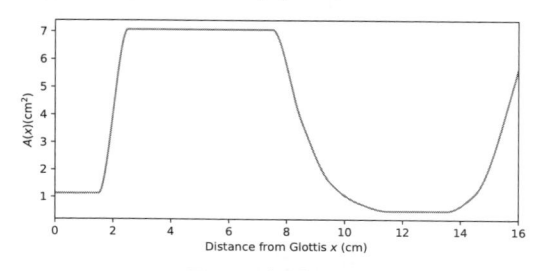

図 4.1 断面積関数.

関数としてあらわしている．また，唇のところでは，気柱の内部と外部の空気の圧力が等しいと考えると，l を気柱の長さにすると

$$p(l, t) = 0 \tag{4.7}$$

と仮定できる．この境界条件で偏微分方程式を解くと

$$u(l, t) = \frac{1}{\cos(\omega l / c)} U_G(\omega) e^{i\omega t} \tag{4.8}$$

が得られることが知られている[12]．

4.1.2 均一な断面積の気柱の周波数応答

この式から，声帯での体積速度の振幅と唇での体積速度の振幅の比が，この気柱の入力と出力の体積速度の周波数応答，つまり，それぞれの周波数ごとにどのように強められたり，弱められたりするかがわかる．式 (4.6)，式 (4.8) より，

$$\frac{u(l, t)}{u(0, t)} = \frac{1}{\cos(\omega l / c)} \tag{4.9}$$

となる．

この関数を具体的な例に基づいてプロットしてみる．ここでは，日本人男性の平均的な声道長と 15 ℃ くらいの空気における音速を意識した値 $l = 0.17\,\mathrm{m}$，$c = 340\,\mathrm{m/s}$ でプロットしてみる．

プログラム 4.2　`fplot` を用いた周波数特性のプロット．

```
c = 340; length = 0.17; sr = 8000
frequency = np.arange(0,sr/2)
plt.plot(frequency, 20*np.log10(np.abs(1/np.cos(2*np.pi*frequency
                                              *length/c))))
plt.ylim(0,50)
```

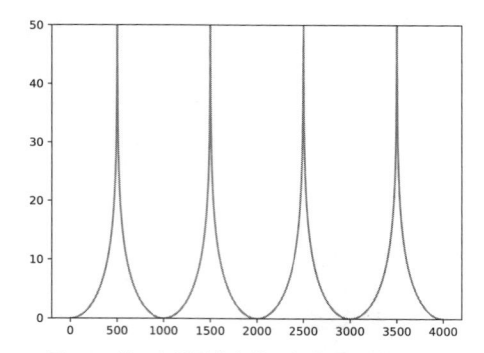

図 4.2　均一な断面積を持つ声道の周波数応答.

図 4.2 の縦軸の単位は dB[*1)], 横軸の単位は Hz である. 4 つのピークが観察できる. このピークを極と呼ぶ.

式 (4.9) の $i\omega$ を s とするとラプラス変換が求まる.

$$\frac{1}{\cos(\omega l/c)} = \frac{2}{e^{i\omega l/c} + e^{-i\omega l/c}}$$

$$(i\omega = s \text{ とすると}) = \frac{2}{e^{sl/c} + e^{-sl/c}}$$

$$= \frac{2e^{-sl/c}}{1 + e^{-2sl/c}} \tag{4.10}$$

サンプリング周期を T として, e^{sT} を z とすると, z 変換が求まる.

$$\frac{2z^{-l/cT}}{1 + z^{-2l/cT}} \tag{4.11}$$

$l = 0.17\,\mathrm{m}$, $c = 340\,\mathrm{m/s}$, $T = 1/8000\,\mathrm{s}$ の場合は,

$$\frac{2z^{-4}}{1 + z^{-8}} \tag{4.12}$$

となる. この z 変換のフィルタの周波数応答を可視化してみる.

プログラム 4.3　声道フィルタの周波数特性のプロット.

```
sr = 8000
b = np.zeros(5)
a = np.zeros(9)
b[4] = 2
a[0] = 1; a[8] = 1
w, H = signal.freqz(b,a)  ←① 
f = sr*w/(2*np.pi)
```

[*1)]　ここでは dB の基準値は振幅が原点にあるとき, すなわち空気振動がないときである.

```
plt.plot(f,20*np.log10(np.abs(H)));
plt.ylim([0,50])
```

図 4.2 と同じであることがわかる．`freqz` 関数で，フィルタの周波数応答を計算している（①）．

4.2 声道フィルタを用いた母音の合成

4.2.1 声帯振動モデル

母音を発声するときには，肺からの空気が声帯を振動させ，そのときに生じる音が母音の音源となる．

母音は疑似周期信号であるので，この音源を周期信号的なパルス列だとする．比較的高品質な母音を合成できるパルスとして次の関数が開発された[13]．

$$g_c(t) = \begin{cases} 0.5[1 - \cos(2\pi t/(2T_1))] & 0 \le t \le T_1 \\ \cos(2\pi(t - T_1)/(4T_2)) & T_1 < t \le T_1 + T_2 \end{cases} \tag{4.13}$$

$T_1 = 4\,\mathrm{ms}$, $T_2 = 2\,\mathrm{ms}$ とすると次のようなグラフとなる．このパルス波を，開発者の名前をとってローゼンベルグ（Rosenberg）波と呼ぶ．

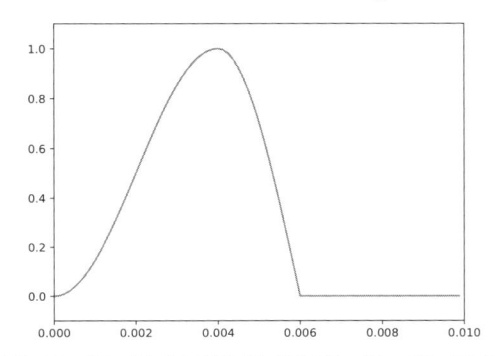

図 4.3 ローゼンベルグの声帯パルスモデル（ローゼンベルグ波）．

この声帯パルスは 1 周期が $10\,\mathrm{ms}$ で，最初の $6\,\mathrm{ms}$ に声門が開いて声帯を振動させ，次の $4\,\mathrm{ms}$ は声門が閉じる様子をモデル化している．

このパルス 1 周期分のスペクトルをプロットすると次のようになる．

プログラム 4.4 ローゼンベルグの声帯パルスのスペクトルのプロット.

```
sr = 8000
nFFT = 1024
g = _____  # 章末問題 3 を参照せよ
G = np.fft.rfft(g,nFFT)  ↩ ①
frequency = np.fft.fftfreq(nFFT,1/sr)
plt.plot(frequency,20*np.log10(np.abs(G)))
plt.xlabel('Frequency (Hz)')
```

①の g は章末問題 3 参照.

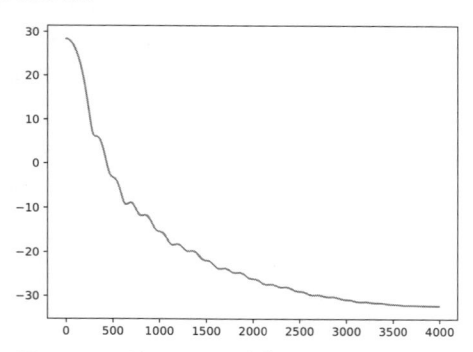

図 4.4 ローゼンベルグの声帯パルスのスペクトル.

実際の声帯振動のスペクトルもこのように低域が強く,周波数が高くなるにつれて急激に弱くなることが知られている.

4.2.2 母音の合成

均一な断面積の声道は,口をすぼめて「う」と発声(スペイン語などの「う」に近い)したときに似ている.そこで,この声道フィルタとローゼンベルグの声帯パルスを用いて母音「う」を生成してみる.

式 (4.12) であらわされる損失のないモデルでは,フィルタとして不安定である.そこで,声帯と唇での反射係数 r_G,r_L を考慮して損失を考慮してみる.これらを考慮した均一の断面積の声道フィルタの周波数応答は次の式になる.

$$\frac{0.5(1 + r_G)(1 + r_L)z^{-4}}{1 + r_G r_L z^{-8}} \tag{4.14}$$

式 (4.12),式 (4.14) の周波数応答を重ねてプロットしてみる.

プログラム 4.5　損失のある声道フィルタの周波数応答のプロット.

```
sr = 8000; nFFT = 1024

b = np.zeros(5); b[4] = 2
a = np.zeros(9); a[[0, 8]] = 1
w, H = signal.freqz(b,a)
f = sr*w/(2*np.pi)
plt.plot(f,20*np.log10(np.abs(H)),':')  ⇦ ①

rG = 0.7; rL = 1
bLoss = np.zeros(5); bLoss[4] = 0.5*(1+rG)*(1+rL)
aLoss = np.zeros(9); aLoss[0] = 1; aLoss[8] = rL*rG
_, HLoss = signal.freqz(bLoss,aLoss)
plt.plot(f,20*np.log10(np.abs(HLoss)),':')
plt.ylim([0,35])
```

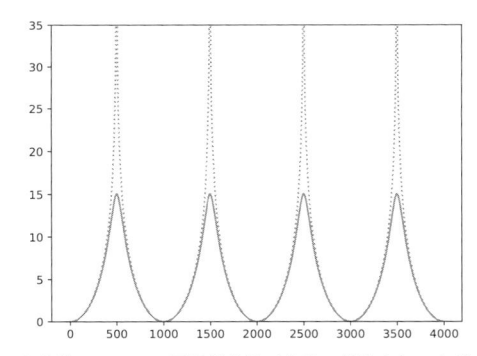

図 4.5　均一な声道フィルタの周波数応答（点線：損失なし，実線：損失あり）.

点線でプロットされるのが損失がない場合（①），実線が損失がある場合（$r_G = 0.7$, $r_L = 1.0$）である．どちらも極の周波数は同じであるが，損失がある場合はピークの高さが低くなっていることがわかる．

　次のプログラムで，損失のある声道フィルタとローゼンベルグの声帯振動モデルを組み合わせて音を生成できる．

プログラム 4.6　ローゼンベルグの声帯振動を用いた母音の生成.

```
sr = 8000
duration = 0.01  ⇦ ①
nImpulse = int(np.round(duration*sr))
impulse = np.zeros(nImpulse); impulse[0] = 1
xImpulse = np.matlib.repmat(impulse,1,int(1/duration))  ⇦ ②
t = np.arange(xImpulse.shape[1])/sr
r = np.arange(300)
IPython.display.display(IPython.display.Audio(xImpulse,rate=sr))
```

```
g = _____  # 章末問題 3 を参照せよ ⟵③
yGlottal = signal.lfilter(g,1,xImpulse) ⟵④
plt.plot(t[r],yGlottal[0,r])
IPython.display.display(IPython.display.Audio(yGlottal,rate=sr))
yVowel = signal.lfilter(bLoss,aLoss,yGlottal) ⟵⑤
plt.figure(); plt.plot(t[r],yVowel[0,r])
IPython.display.display(IPython.display.Audio(yVowel,rate=sr))
```

まず, 声帯振動を駆動するインパルス[*2]列を生成する. インパルス長は $0.01\,\mathrm{s}$ とし (①), その長さの単位インパルス impulse を作成する. この単位インパルスを 100 回繰り返し (②) xImpulse とし, それに声帯振動モデル g (③, 章末問題 3 参照) を畳み込んで 1 秒分の声帯振動を生成し yGlottal とする (④). これに声道フィルタを畳み込んで母音 yVowel を生成する (⑤).

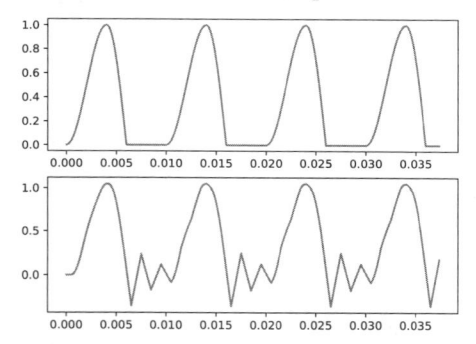

図 4.6 生成した音声波形 (上:声帯振動, 下:唇から出る音).

駆動するインパルス列と同じ周期の母音が生成されていることがわかる.

4.2.3 異なる断面積の気柱を接続した気柱

実際の声道の断面積の変化を図 4.7 に示す. この変化を 2 つの異なる断面積の気柱を直列させて作成した気柱で近似することを考える.

図 4.7 2 気柱モデル.

[*2] 極めて短い長さ (幅) を持ち, ほぼ瞬時的に立ち上がって終わるパルスのことを特にインパルスと呼ぶ. コンピュータで人の声帯が出すパルス信号を模擬する場合は, インパルス信号を使用することが多い.

左の部分の長さを L_1，断面積を A_1，右の部分の長さを L_2，断面積を A_2 とする．この気柱の周波数応答は次のようになる[12]．

$$V_a(\omega) = \frac{0.5(1+r_G)(1+r_L)(1+r_1)e^{-i\omega(\tau_1+\tau_2)}}{1 + r_1 r_G e^{-i\omega 2\tau_1} + r_1 r_L e^{-i\omega 2\tau_2} + r_L r_G e^{-i\omega 2(\tau_1+\tau_2)}} \tag{4.15}$$

ただし，$r_1 = \frac{A_2-A_1}{A_2+A_1}$，$\tau_1 = L_1/c$，$\tau_2 = L_2/c$ である．

$L_1/L_2 = 1$，$A_1/A_2 = 1/7$，$L_1 + L_2 = 0.17\,\mathrm{m}$，$c = 340\,\mathrm{m/s}$，$r_G = 0.7$，$r_L = 1.0$ のときのグラフは次のようになる．

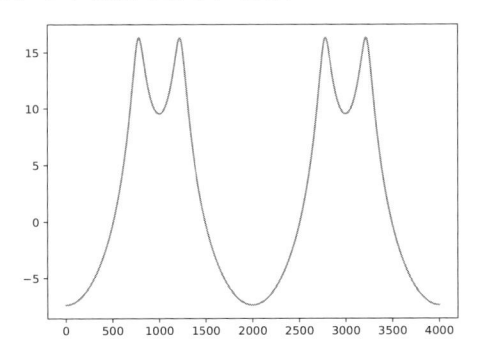

図 4.8　2 気柱モデルの周波数応答（$L_1/L_2 = 1$, $A_1/A_2 = 1/7$, $L_1 + L_2 = 0.17\,\mathrm{m}$, $c = 340\,\mathrm{m/s}$, $r_G = 0.7$, $r_L = 1.0$）.

図 4.2 とは異なることがわかる．この声道フィルタを用いて，プログラム 4.6 の手法で音声を合成して聞いてみると「あ」のような音が聞こえるだろう．この音のスペクトルは図 4.9 のようになる．

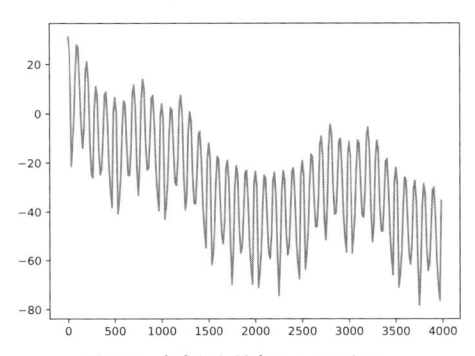

図 4.9　合成した母音のスペクトル.

周期関数のスペクトルは基本周波数の倍音成分のところがピークとなる．これ

らのピークを観察すると，第 1 倍音，第 8 倍音，第 12 倍音がいわばピークの
ピークとなっていることがわかる．第 1 倍音は基本周波数である．第 8 倍音，
第 12 倍音は図 4.8 のピーク付近であることがわかる．

このように母音は声道フィルタのピークに対応した部分が強くなる．このピー
ク（すなわち，第 8 倍音と第 12 倍音部分の周波数）が，母音のフォルマント
（2.3.1 項参照）に相当する．周波数の低い順に第 1 フォルマント（ここでは第
8 倍音），第 2 フォルマント（ここでは第 12 倍音）などと呼ぶ．日本語の母音
は，最初の 2 つのフォルマントである程度区別できることが知られている．

声道の周波数応答の極，つまり分母が 0 になるところがフォルマントである．
次のように，式 (4.15) の分母からフォルマントの周波数を計算できる．図 4.8
のフィルタ係数の分母を aA とする．

プログラム 4.7 周波数応答からのフォルマント周波数の算出.

```
sr = 8000
aA = _____  # 図4.8のフィルタ係数
formant = np.angle(np.roots(aA))/2/np.pi*sr  ⇐ ①
np.sort(formant[formant>0])  ⇐ ②
```

```
array([ 775.761874, 1224.238126, 2775.761874, 3224.238126])
```

roots は多項式の解を求める関数である（①）．複素解が求まるので，angle
で偏角を求めて，それを周波数に変換して formant という変数に格納してい
る．②で，formant の正の要素を周波数の順にソートしている．この母音の
第 1 フォルマントの周波数は 776 Hz，第 2 フォルマントの周波数は 1224 Hz
であることがわかる．

ılıllııı. 4.3 フォルマントと調音位置

声道は片方が声帯によって閉じた管である．閉じた管の片方に振動源がある
とき，管の内部で共鳴が起こる（高校の物理を思い出していただきたい）．

ただし声道は柔らかく，不規則な形状をした管で断面積が一定ではない．そ
のため声道の共鳴周波数は 1 つの値を取らず，ある値をピークとした帯（共鳴
周波数帯）になる．4.2.3 項でも学んだフォルマントとは，このピークの値な
のである．さらに，声道は話者が任意にその形状を変えることができるので，
フォルマントのピークの値は母音によって異なる．

母音はそれぞれ発声方法が異なる．口腔内で大きく動かせる部分として口唇，舌，軟口蓋などがあげられる．母音の口唇の開き方，舌の動き方を 4.2.3 項の 2 気柱モデルを用いてシミュレートしつつ考えてみる．

第 1 フォルマント（F_{R1}）は閉管の共鳴の基本振動に対応する [*3]．これを図示したものが（図 4.10）である．

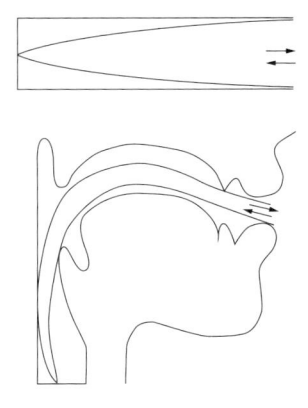

声帯を振動の節（収束点）としたとき，振動の腹（もっとも振動が大きくなる点）は管の終点である口となる．口を狭めると，腹での空気の流出量が減り，結果として振動自体が遅くなる．すなわち第 1 フォルマントは開口度の小さい母音ほど値が小さく，開口度の大きい母音ほど値が大きくなる傾向がある．

図 4.10 第 1 フォルマントの物理的説明．

開口度の大きい母音をシミュレートするために，次のように舌のあたりから口唇部まで大きく口を開けたような断面積を考えてみる（$A_1/A_2 = 1/8$, $L_1/L_2 = 6/11$, $L_1 + L_2 = 0.17\,\mathrm{m}$）．

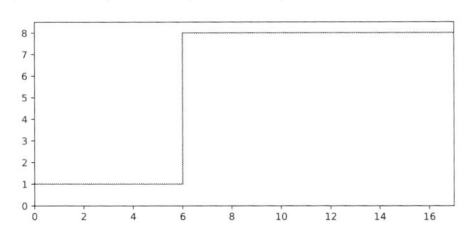

図 4.11 開口度の大きい 2 気柱モデルの断面積．

この周波数応答は図 4.12 のようになる（章末問題 11）．

[*3] 声道フィルタの共鳴周波数としてのフォルマントは $F_{R1}, F_{R2}, \ldots$，音声のスペクトルから得られる共鳴周波数としてのフォルマントは $F_1, F_2, \ldots$ と記述する．

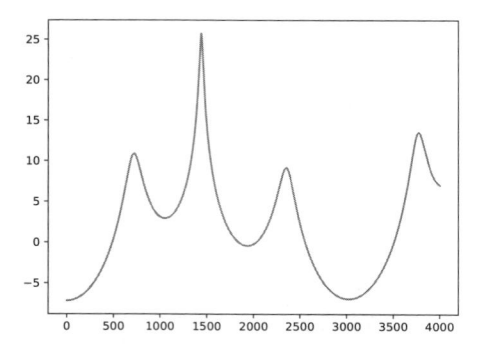

図 4.12　開口度の大きい 2 気柱モデルの周波数応答.

　このときの第 1 フォルマントは 705 Hz で均一な断面積の場合の 500 Hz より大きな値となる.

　第 2 フォルマント（F_{R2}）は閉管の共鳴の 3 倍振動に対応する. これを図示したものが（図 4.13）である.

　3 倍振動では, 声帯に加えて舌の位置も節に対応する. 節では管の断面積は狭い方が周波数は大きくなる. 舌が前にある方が声道が狭まっていることがわかる. すなわち第 2 フォルマントは舌の位置が後にあ

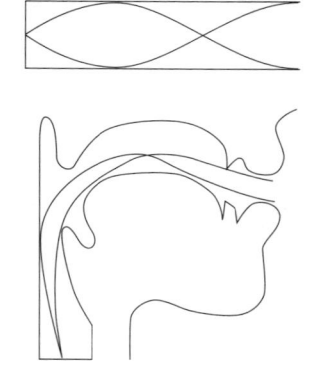

図 4.13　第 2 フォルマントの物理的説明.

るほど値が小さく, 前にあるほど値が大きくなる傾向がある.

　舌の位置が前の母音をシミュレートするために, 次のように舌のあたりから口唇部まで狭まるような断面積を考えてみる（$A_1/A_2 = 8$, $L_1/L_2 = 8/9$, $L_1 + L_2 = 0.17\,\mathrm{m}$）.

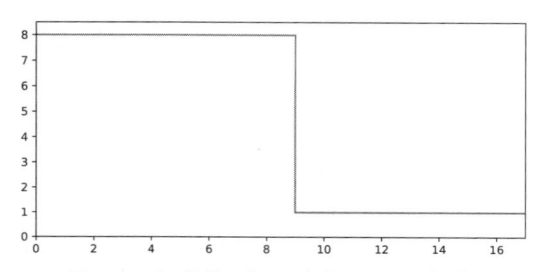

図 4.14　舌の位置が前の 2 気柱モデルの断面積.

この周波数応答は図 4.15 のようになる.

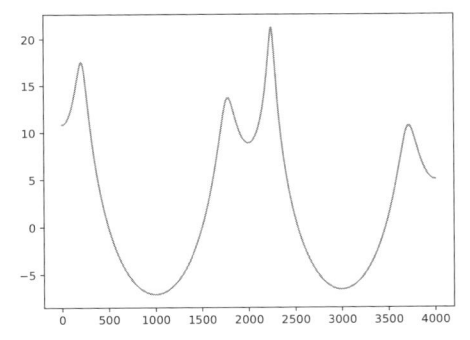

図 4.15　舌の位置が前の 2 気柱モデルの周波数応答.

このときの第 2 フォルマントは 1810 Hz で均一な断面積の場合の 1500 Hz より大きな値となる.

　なお，フォルマントは声道の断面積によって決まることに注意すること．すなわち声の高さ（声帯の振動数）はフォルマントには無関係である.

　フォルマントを可視化する簡単な方法として，図 3.14 に示したような広帯域のスペクトログラムを用いることがある．図 4.16 は分析窓幅を短くして求めた単語発声「三鷹」のスペクトログラムである．100 ms から 200 ms の /i/ のあたりに，500 Hz 以下のところに第 1 フォルマント，2000 Hz から 2500 Hz の間に第 2 フォルマントがあることがわかる．また，400 ms から 500 ms の /a/ のあたりでは，500 Hz から 1000 Hz の間に第 1 フォルマント，1500 Hz の下に第 2 フォルマントが観察できる.

　また，音声波形を 1 周期分切り出すことができれば，周期関数の性質からス

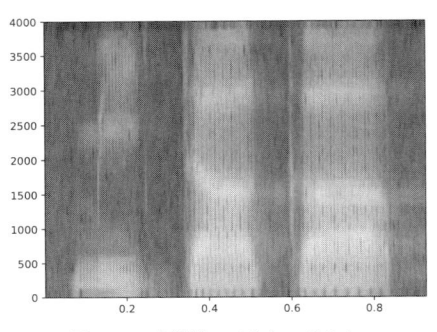

図 4.16　広帯域スペクトログラム.

ペクトルのピークをつないだ概形を求めることができる.

プログラム 4.8　　音声 1 周期分のスペクトル.

```
ySa, sr = librosa.load('sa48k.wav',sr=8000)
plt.plot(ySa[3200+np.arange(200)])  ⇐①
segment = ySa[3200+np.arange(12,70)]  ⇐②
plt.figure(); plt.plot(segment)
SA = np.fft.rfft(segment)  ⇐③
frequency = np.fft.rfftfreq(len(segment),1/sr)
plt.figure(); plt.plot(frequency, np.log(np.abs(SA)))  ⇐④
```

例えば①のプロットは次のようになる.

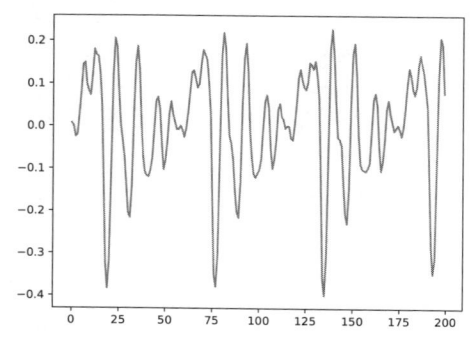

図 4.17　周期性のありそうな部分の拡大プロット.

ここから最初の 1 周期あたりを切り出す（②）.

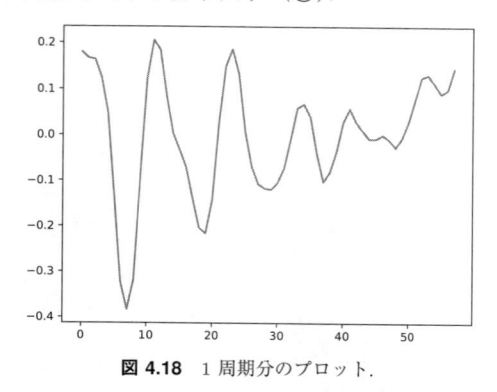

図 4.18　1 周期分のプロット.

③でその部分の対数振幅スペクトルを求めている.　ちょうど 1 周期分なので,
窓関数は不要である.　スペクトルは次のようになる.

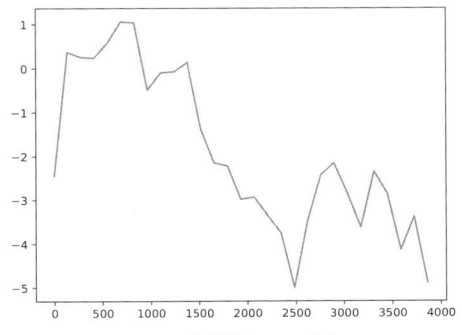

図 4.19 1 周期分のスペクトル.

概形は図 3.13 の広帯域スペクトルに似ていることが確認できる.

　本章では母音の発声のメカニズムを物理モデル化し，母音のスペクトルをコンピュータで再現して，合成音声として再生する方法について学んだ．子音の生成も基本的に同じやり方で行うことができるが，子音は母音よりも複雑な発声のメカニズムを持つため物理モデルも複雑になる [*4].

ₒₒ|||||||ₒₒ。 章 末 問 題

1）式 (4.3)，式 (4.4) から式 (4.5) を導出せよ.

2）日本人の成人の平均身長は男性より女性の方が低い．したがって，平均的な声道の長さも女性の方が短い．$l = 0.145\,\mathrm{m}$ のときの均一な断面積の声道の周波数特性をプロットし，図 4.2 と比較せよ.

3）ローゼンベルグの声帯パルス信号 1 周期分（式 (4.13)）を作成し，g という変数に格納するプログラムを完成させよ.

　プログラム 4.9　ローゼンベルグの声帯パルス 1 周期分を作成するプログラム.

```
sr = _____   ⇦ ①
T1 = 0.004
T2 = _____   ⇦ ②
t1 = np.arange(0,T1,1/sr)  ⇦ ③
g1 = 0.5*(1-np.cos(2*np.pi*t1/2/T1))
t2 = _____   ⇦ ④
g2 = _____   ⇦ ⑤
```

[*4]　子音の調音位置と有声性については 2.3.2 項で学んだ．調音方法については 8 章で学ぶ.

```
t3 = _____  ⇐ ⑥
g3 = np.zeros(t3.shape)
g = np.hstack((g1,g2,g3))  ⇐ ⑦
t = _____  ⇐ ⑧
plt.plot(t,g)
plt.xlim([0,0.01])
plt.ylim([-.1,1.1])
plt.xlabel('Time (s)')
```

①で作成したい音のサンプリング周波数を設定する．②は 2 ms となるように設定すると図 4.3 と同じになる．④，⑥は③を参考にして作成する．⑤は式 (4.13) 通りに作成する．⑧は，⑦を参考にして作成する．成功した場合は，図 4.3 と同じようにプロットされる．

4）式 (4.13) の 1 周期分のスペクトルをプロットせよ．0 から ナイキスト周波数までの帯域で，横軸は周波数 [Hz] とせよ．

5）プログラム 4.6 で生成した信号 yVowel のスペクトルをプロットせよ．0 からナイキスト周波数までの帯域で，横軸は周波数 [Hz] とせよ．

6）母音「う」を録音せよ．その音声波形の周期的な部分を探して，その部分のスペクトルをプロットし，章末問題 5 のスペクトルと比較せよ．

7）プログラム 4.6 を変更して，より高い声を生成せよ．

8）録音した「あ」と「い」の第 1 フォルマントと第 2 フォルマントを推定せよ．

9）章末問題 8 録音した「あ」とそれより高い声でで録音した「あ」の第 1 フォルマントと第 2 フォルマントを推定し，比較し，考察せよ．

10）式 (4.15) に基づいて，2 気柱モデルの周波数応答を計算する関数 freqz_two_tube(f,c,rL,rG,r1,L,L1L2) を作成せよ．

11）2 気柱モデルを用いて，開口度の大きい母音をシミュレートし，その母音の周波数応答をプロットし，第 1 フォルマントの周波数を読み取れ．

12）2 気柱モデルを用いて，開口度の小さい母音をシミュレートし，その母音の周

波数応答をプロットし，第 1 フォルマントの周波数を読み取れ．

13）2 気柱モデルを用いて，舌の位置が前の母音をシミュレートし，その母音の周波数応答をプロットし，第 2 フォルマントの周波数を読み取れ．

14）2 気柱モデルを用いて，舌の位置が後の母音をシミュレートし，その母音の周波数応答をプロットし，第 2 フォルマントの周波数を読み取れ．

15）Front の母音（前舌母音）と Back の母音（後舌母音）を発声し，録音しフォルマントを推定し，その値と舌の位置の関係を考察せよ（/i/でもっとも舌が前にくる．/o/でもっとも舌が後にくる）．

16）図 4.8 のパラメータを用いて実際にプログラム 4.7 の aa を計算し，フォルマント周波数を求めよ．

17）プログラム 4.6 は，声道モデルを利用して時間領域で母音を生成するプログラムである．周波数領域でも声道モデルを利用して母音を生成できる．例えば 2 気柱モデルの周波数応答を用いて母音を生成するプログラムは次のようになる．

プログラム 4.10 周波数領域でのローゼンベルグの声帯振動を用いた母音の生成.

```
sr = 8000
rG = 1; rL = 0.7
a1a2 = 27/73      ⇦ ①
L1L2 = 7/9        ⇦ ②
L = 0.17; c = 340
r1 = (1-a1a2)/(1+a1a2)
f = np.arange(int(sr/2)+1)
Va = freqz_two_tube(f,rL,rG,r1,L,c,L1L2)

SGlottal = np.fft.rfft(yGlottal[0,:])    ⇦ ③
SA = SGlottal*Va      ⇦ ④
yA = np.fft.irfft(SA)
IPython.display.Audio(yA,rate=sr)
```

a1a2 は A_1/A_2（①），L1L2 は l_1/l_2 である（②）．③の yGlottal はプログラム 4.6 と同様のものを使えばよい．周波数領域の乗算で yGlottal のスペクトル SGlottal に周波数特性 Va のフィルタを適用する（④）．

　この周波数を用いて，適当な母音を 2 気柱モデルで生成せよ．日本語の母音を発声するときの声道パラメタの例を表 4.1 に示す[14]．声門から 1 cm ごとの声道の直径 [mm] である．

表 4.1　日本語の声道パラメタ.

a	i	u	e	o
12	12	12	12	12
12	12	12	12	12
34	30	26	30	26
20	30	26	30	20
12	30	26	30	16
14	30	26	30	14
16	30	24	28	16
20	30	16	26	22
26	22	12	22	28
30	14	16	20	34
34	10	22	16	38
38	8	22	16	34
34	8	20	16	34
30	8	18	20	26
26	12	14	18	22
32	22	14	24	14

　このパラメタに基づいて母音「あ」の断面積 [cm^2] を計算してプロットした例を実線で，それを 2 気柱モデルで近似した例を点線で示す（図 4.20）．

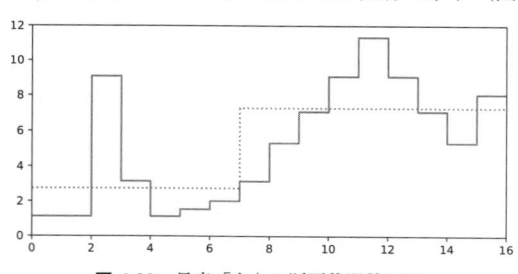

図 4.20　母音「あ」の断面積関数の例.

　この方法で生成した母音のフォルマント周波数を求めて，実際の母音の録音から推定したフォルマント周波数と比較せよ.

5　聴取のしくみ

　これまでの章では，音声の話し手側に注目して，人が音声を生成するしくみについて学んできた．さらに，コンピュータで音声信号を取り扱う方法を学び，コンピュータを話し手に見立てて物理モデルから母音の生成を試みた．

　ここからは音声の聞き手側に視点が変わる．本章では人が音声を聞き取るしくみ（音声信号をどのように受け取り，符号化しているのか）について学ぶ．さらに6章では，すでに習ったスペクトル分析を足がかりに，音声信号特有の情報にはどのようなものがあり，それをどのようにしてコンピュータで抽出し，取り扱うのかについて学ぶ．7章以降では，コンピュータを聞き手に見立てて，さまざまな音声情報を認識する方法について学んでいく．

　本章の前半では，人の聴覚器官（耳介から内耳まで）の構造と，これらの器官でどのようにして音声波形が神経の電気信号に変換されているのかを概説する．後半では，この過程をコンピュータで再現するためのアルゴリズムであるプリエンファシスと聴覚フィルタについて学ぶ．

　本章で解説する音声の変換処理は，3章で学んだスペクトル分析とかなり類似点が多い．そのため3章を先に読んでおくと理解が深まるだろう．

プログラム 5.1　この章で利用するパッケージ.

```python
import numpy as np
import numpy.matlib
import matplotlib.pyplot as plt
from scipy import signal
import librosa
import IPython.display
```

⅛⅛⅛ᵢᵢ. 5.1 聴覚器官の構造

　図 1.1 を思い出そう．はじめに話し手の声帯で生じた声が声道を通って音声となり，それが音波（空気振動）として空気中を伝わり，聞き手の頭部を伝わって聞き手の耳（耳介）に到達する．この節では，その先の経路を順番にみていく．

5.1.1　耳介〜中耳

　図 5.1 は人の耳の模式図である．

　耳介は漏斗のような形状により拡散された音を集めて音を大きくし，外耳道に通し，鼓膜の振動に変換される．鼓膜の振動は，中耳の 3 つの小骨を介して機械的な振動に変換され，さらに内耳の蝸牛でリンパ液の圧力変化に変換される．

5.1.2　内　　　　耳

　内耳に伝わった物理的な振動は，続いて神経を伝わる電気信号のパルスに変換される．

　内耳の蝸牛は薄い骨の管が渦を巻いた形状をしていて，カタツムリ（蝸牛）の殻に似ていることからこの名がついた．蝸牛の管は先端にいくほど（中耳のあぶみ骨から離れるほどに）断面積が細くなっていく閉じた管になっている．蝸牛の内部は電荷を持ったリンパ液で満たされ，極めて薄い膜（ライスナー膜と基底膜）によって区切られている．この基底膜上には有毛細胞が並んでいる．

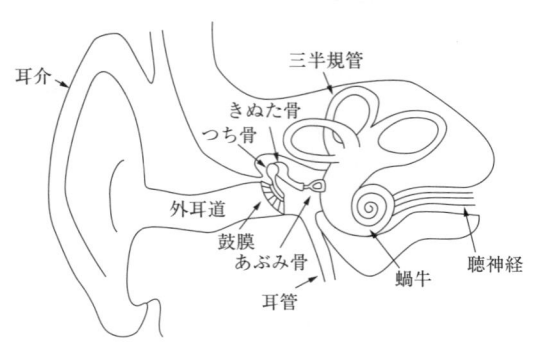

図 5.1　耳の模式図.

蝸牛に伝えられた振動は基底膜の上に並んでいる有毛細胞を振動させ，有毛細胞のイオンチャンネルが開くことで細胞内電位が変化し，これによって電気信号が生じる．図 5.2 はこの過程のイメージ図である．

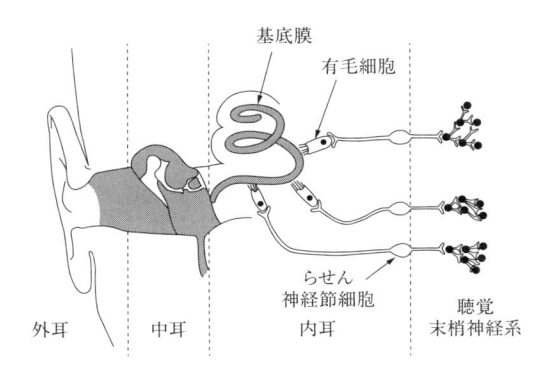

図 5.2 外耳から蝸牛にかけての構造.

蝸牛より先の経路においては，音声の情報は神経細胞の電気刺激として処理されることになる．

5.1.3 聴覚器官の音声信号処理

外耳〜蝸牛の各ステップで行われている情報処理は，コンピュータによる音声信号処理の技術と対応づけて理解することができる．表 5.1 は聴覚の各ステップにおいて，それぞれの聴覚器官にどのような生理的メカニズムがあり，工学的な音声信号処理のどの機能と対応づけられるかを示している．

表 5.1 聴覚器官の機能モデルとそれに対応する音声信号処理（文献[15]，表 4.2).

末梢系の名称	聴覚生理・心理現象	音声信号処理
外耳・中耳	外耳の音響系，中耳の機械系の持つ周波数伝達特性	周波数の中域（2000〜3000 Hz）で最大となるプリエンファシス
基底膜	臨界帯域	メル周波数スケール上に等間隔に並んだ臨界帯域フィルタバンク
	音の大きさ	対数変換
有毛細胞	基底膜の振動の半周期にだけ興奮する極性を持つ	半波整流
聴覚末梢	周波数的な側抑制効果	音声スペクトルのピークの強調

表 5.1 右列の各音声信号処理のうち，プリエンファシスとメル周波数スケールの臨界帯域フィルタバンクについて，次節以降で詳しく学ぶことにする．

‖‖‖‖‖‖. 5.2 プリエンファシス

外耳道および中耳の小骨群の機能は，主に音声信号処理でプリエンファシス（事前強調）と呼ばれる処理に対応づけられる（表 5.1）．これは具体的には，声帯振動のスペクトルが低周波成分に集中している部分を打ち消す処理や，口唇からの放射特性を打ち消す処理である．また，この処理の結果として，音声の声道成分が強調される．

プリエンファシスの処理では，次の式のような単純な微分フィルタが用いられることが多い．

$$y[n] = x[n] - px[n-1] \tag{5.1}$$

ただし，x は元の音声（波形）データ，n は時間インデクス，y は強調された音声データを表す．p はプリエンファシス係数であり，音声認識では 0.97 などが用いられることが多い．このフィルタの周波数応答を求めるには次のようにすればよい．

```
sr = 8000; nFFT = 512
f = np.fft.rfftfreq(nFFT,1/sr)
p = 0.97
S = np.fft.rfft([1,-p],nFFT)
plt.plot(f,20*np.log10(np.abs(S)))
```

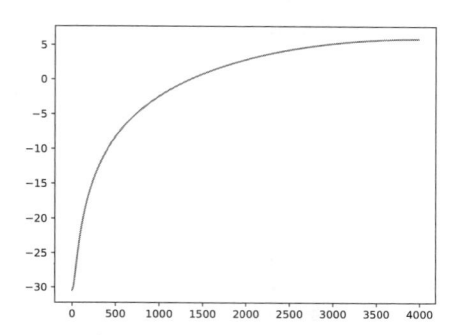

図 5.3 微分フィルタの周波数応答（$p = 0.97$）．

高域になるほど強く，低域になるほど弱くなっていることがわかる.

　実際の音声にプリエンファシスする手順は次のようになる.

```
ySa, sr = librosa.load('sa48k.wav',sr=16000)
nFFT = 512
SSa = np.fft.rfft(ySa[7500+np.arange(nFFT)]*np.hanning(nFFT))
ySaEmphasis = signal.lfilter([1,-p],1,ySa)
SSaEmphasis = np.fft.rfft(ySaEmphasis[7500+np.arange(nFFT)]
                          *np.hanning(nFFT))
frequency = np.fft.rfftfreq(nFFT,1/sr)
plt.plot(frequency,20*np.log10(np.abs(SSa)), '--')
plt.plot(frequency,20*np.log10(np.abs(SSaEmphasis)))
```

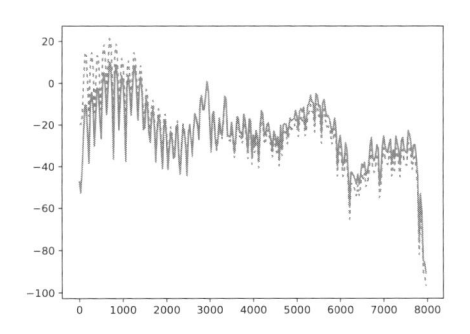

図 5.4　プリエンファシスしたスペクトル（破線：元のスペクトル）．プログラムの 3 行
目で母音の部分を選んでいる.

基本周波数から第 15 倍音までが弱く，高域の成分が強くなっていることがわ
かる.

ⅰⅼⅼⅼⅼ. 5.3　聴覚フィルタ

　内耳では周波数スペクトル分析に相当する情報処理を行っていると考えられ
るが，蝸牛内部の基底膜や有毛細胞の器質的な構造がもたらす，いくつかの興
味深い周波数応答特性を備えている.

　ハンガリーの生物物理学者ベーケーシ（Békésy）は蝸牛の模型や解剖による
実験によって，基底膜の両側に満たされたリンパ液の圧力差で生まれる周波数
応答特性を詳しく調べた[*1)]．ベーケーシは蝸牛の基底膜には周波数選択性があ

[*1)]　この業績で彼はノーベル生理学・医学賞を受賞している.

ることを示した．すなわち，あぶみ骨を通して蝸牛に振動が伝わったとき，その周波数によって基底膜上の振動する場所が異なることがわかったのである．つまり，音声を周波数のスペクトルに変換して処理するのは，人の聴覚の周波数選択を反映しているともいえる．

　図 5.5 は蝸牛の基底膜上の最大振幅の位置と周波数との関係である．あぶみ骨に近い位置（base）から蝸牛頂部（apex）にかけて，それぞれの位置の基底膜がもっとも強く応答する周波数を示している．

　このような人の聴覚系の周波数特性を再現したフィルタのことを，聴覚フィルタと呼ぶ．聴覚フィルタは音声信号処理の前提技術として重要であるだけでなく，例えば聴覚障がい者のための人工内耳の開発や，軽量かつ高品質な音声圧縮技術などにも活用されている．

　聴覚フィルタはそれぞれの帯域に対応するバンドパスフィルタとなっている．この帯域を臨界帯域幅（Critical Bandwidth，CB）と呼ぶ．また，その帯域の中心の周波数を中心周波数と呼ぶ．CB の中心周波数を F_c とすると，F_c に対応する臨界帯域 ΔF_c は次の式で与えられる．

$$\Delta F_c = 25 + 75\left[1 + 1.4\left(\frac{F_c}{1000}\right)^2\right]^{0.69} \tag{5.2}$$

　CB 以外にも，人の聴覚の周波数応答特性である聴覚フィルタを音声信号処理に利用しやすいように，周波数の関数であらわした関係式が何種類か提案されている．ERB 尺度とメル尺度は代表的な 2 つである．これらの尺度を使うことで，物理的な周波数を，人の聴覚特性を反映した値に相互変換することが

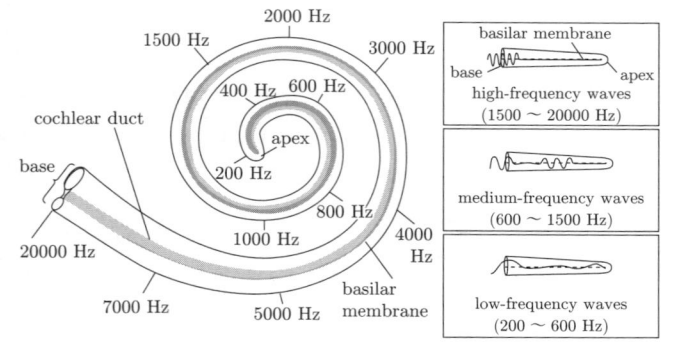

図 5.5　蝸牛有毛細胞の周波数応答特性.

できるようになる．それぞれについて以下で解説する．

5.3.1 ERB 尺度

CB のバンド幅は Fletcher らが測定した聴覚系の周波数特性[16] に基づいているが，Moore と Glasberg はより生理指標と対応がよい測定を行い，CB に代わる等価矩形帯域幅（Equivalent Rectangular Bandwidth, ERB）を提案した[17]．ERB の中心周波数を F_e とすると，F_e に対応する帯域幅 ΔF_e は次の式で与えられる．

$$\Delta F_e = 24.7 \left[4.37 \left(\frac{F_e}{1000} \right) + 1 \right] \tag{5.3}$$

ERB の中心周波数に等間隔に並ぶようにしたものが ERB 尺度（ERB$_N$-Number Scale）であり，これは次の式で与えられる．

$$ERB(f) = 21.4 \log_{10} \left(\frac{4.37f}{1000} + 1 \right) \tag{5.4}$$

ここで，f は周波数である．周波数から ERB に変換することで，例えば人は 2050 Hz と 2070 Hz の違いよりも，250 Hz と 270 Hz の違いに敏感であるといった聴覚上の応答特性を数量的に取り扱うことができるようになるのである．ERB 尺度は音声学や聴覚心理学において広く使われている．

5.3.2 メル尺度

人が感じる心理的な声の高さであるピッチと，物理的な音の高さである基本周波数の値は一致しないとすでに解説した（2.2.1 項）．このことは実験的に確かめられている．

アメリカの心理学者スティーブンズ（Stanley Smith Stevens）らは人にある純音を提示し，そのちょうど 2 倍または半分の高さに感じる音を作ってもらう実験（マグニチュード測定法）を行い，純音の実際の周波数と，人が知覚する音の高さには違いがあることを示した（すなわち純音の周波数の値が 2 倍になったからといって，音の高さが 2 倍になったようには感じられないことを示した）[18]．そして 1000 Hz，40 dB[*2]の純音を基準の音として 1000 メル（mel,

---

[*2] ここでは dB の基準値は人が知覚できる 1000 Hz のもっとも小さい音の強さ（基準音圧，または最小可聴音圧と呼ぶ）である．

melody からとられた名称である）と定義し，人が 1 メルの n 倍の高さと判断するピッチ（実験参加者 10 人の平均値）を n メルと定義した．

図 5.6 はメルと実際の純音の周波数 [Hz] の関係をあらわしたグラフである．

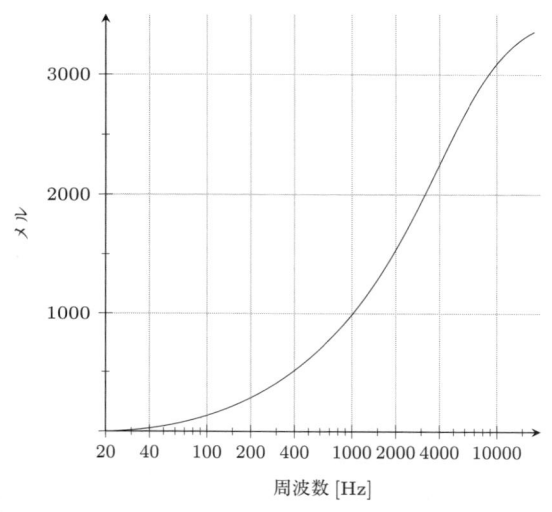

図 5.6 純音の周波数とメルの対応関係（文献[19]・文献[20]，図 3.12）．

メル尺度は次の式で与えられる[18]（他にもいくつかの式が用いられる）．

$$MEL = 1127 \log \left(1 + \frac{f}{700}\right) \tag{5.5}$$

メル尺度は音声情報科学で広く使われている一方で，CB や ERB と同様に，聴覚の特性を正確に模擬したものではないことに注意すべきである[*3]．

5.4　メル周波数フィルタバンク

人の聴覚神経系は，物理的な音声波形信号を，外耳道から図 5.5 で示した内耳にかけてのメカニズムを通して増幅し，電気信号に変換している．人の脳に届く音声は，実際にはこの聴覚神経系によって変換された信号であるから，音声情報科学においてもこの変換後の（すなわち，聴覚フィルタを通した後の）

[*3]　例えばスティーブンズらは実験の結果の個人差が大きかったことを報告している．また，後年の研究により，音楽的なピッチ判断（オクターブ類似性など）の影響を強く受けることも指摘されている．

信号を扱う方が都合がよい場合が多い.

　音声波形信号を人の聴覚表現に変換するための代表的な聴覚フィルタの1つが，メル周波数フィルタバンクである．これはメルスケールの中心周波数上に並んだ（すなわち，メル尺度に準拠した），帯域の重なり合う帯域通過フィルタ群である．以下で詳しく学んでいこう．

5.4.1 フィルタバンク

　これまでみてきたように，聴覚フィルタは高域ほど臨界帯域が広くなる．つまり，高域ほど周波数解像度が下がる．一方，離散フーリエ変換は，低域から高域まで周波数解像度が等しい．このことは，音色などに関して，聞こえる感じに近似するような処理をしたい場合には，離散フーリエ変換は適切ではない面があることを意味する．

　このような処理を真似る方法として，周波数領域でバンドパスフィルタをかけて，いくつかの周波数成分をまとめることで，周波数成分を間引く処理がある．例として，周波数領域を均等にまとめる例を示す．

プログラム 5.2　周波数領域での間引き処理（ノイズデータの生成）.

```
sr = 16000
t = np.linspace(0, 1, sr+1)
r = np.random.standard_normal(t.shape)  ⤶ ①
r = r/np.max(np.abs(r)*1.01)  ⤶ ②
nFFT = 512
SR = np.fft.rfft(r[:nFFT]*np.hanning(nFFT))
frequency = np.fft.fftfreq(nFFT,1/sr)
plt.plot(frequency,20*np.log10(np.abs(SR)))
```

ホワイトノイズを生成し（①），最大の変位を 1 未満となるようにする（②）．乱数を用いているので，実行状況によりノイズの波形は異なることに留意せよ．

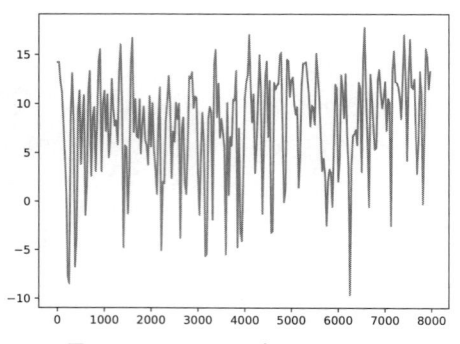

図 5.7 ホワイトノイズのスペクトル.

プログラム 5.3 周波数領域での間引き処理（フィルタの生成）.

```
nWindow = int(nFFT / 8) ⟵③
windowInc = np.linspace(0, 1, int(nWindow/2) + 1)
windowDec = np.linspace(1, 0, int(nWindow/2) + 1)
windowTri = np.hstack((windowInc, windowDec[1:]))
windowTriNormalized = windowTri/np.sum(windowTri) ⟵④
plt.plot(frequency[:len(windowTriNormalized)], windowTriNormalized)
```

この例では，フィルタ長は離散フーリエ変換の長さの 8 分の 1 とする（③）.
フィルタは中心周波数のところが最大になり，両端が 0 とし，直線的に変化す
るように設定し，このフィルタの総和が 1 となるようにする（④）.

このフィルタは図 5.8 のように 0 Hz から 2000 Hz までを 1000 Hz の成分と
してまとめる. この 1000 Hz のことを中心周波数と呼ぶ. まとめる前のそれぞ
れの成分は図 5.9 のようになっているとする.

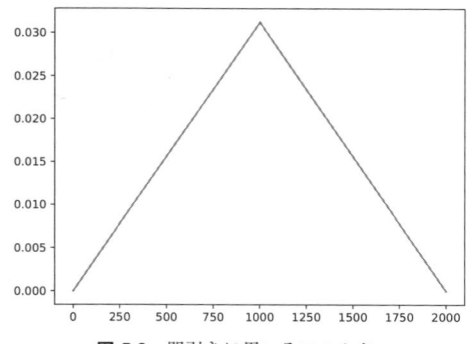

図 5.8 間引きに用いるフィルタ.

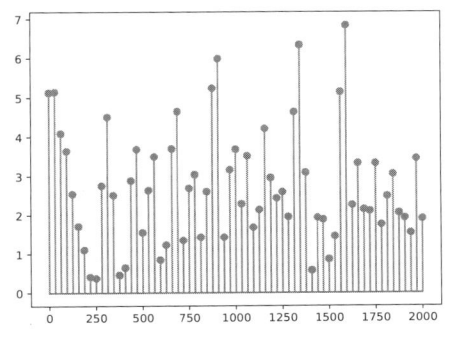

図 5.9 間引きする帯域のスペクトル.

すると，フィルタの重みをかけたスペクトルと，その平均（フィルタの出力）は図 5.10 のようになる.

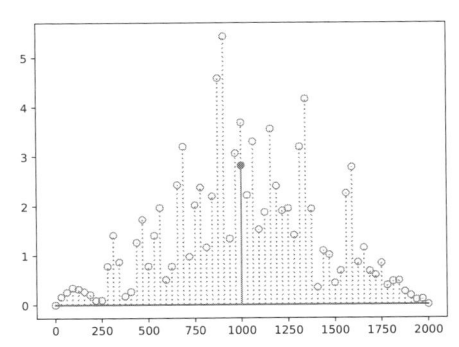

図 5.10 フィルタの重みをかけたスペクトルと重みつき平均（塗り潰した成分）.

プログラム 5.4 周波数領域での間引き処理（全帯域での間引き）.

```
def stem3(z):
    orig_line_width = plt.rcParams['lines.linewidth']
    plt.rcParams['lines.linewidth'] = 0.4
    fig = plt.figure()
    ax = fig.add_subplot(projection='3d')
    if z.ndim == 1:
        Y=1
        X = z.shape[0]
    else:
        X, Y = z.shape
    for x in range(X):
        for y in range(Y):
            if Y == 1:
                ax.plot([x,x],[y,y],[0,z[x]],'b-')
```

```
            ax.scatter(x,y,z[x],s=3,color='b')
        else:
            ax.plot([x,x],[y,y],[0,z[x,y]],'b-')
            ax.scatter(x,y,z[x,y],s=3,color='b')
  plt.rcParams['lines.linewidth'] = orig_line_width
  return fig, ax

center = np.arange(nWindow/2, nFFT/2, nWindow/2).astype(int)  ↩⑤
filterBank = np.zeros((len(center),int(nFFT/2) + 1))  ↩⑥
for iFilter in np.arange(len(center)):
  iStart = int(center[iFilter] - nWindow/2)
  filterBank[iFilter, iStart:(iStart + nWindow + 1)] =
      windowTriNormalized

fig, ax = stem3(filterBank)
fig.set_figheight(6)
fig.set_figwidth(6)
ax.set_box_aspect(aspect = (60, 60, 40))
ax.view_init(elev=60, azim=-5)
ax.set_xlim(6,0)
```

三角形であることを考慮して，中心周波数をフィルタ長の半分ずつずらして設定する（⑤）．複数（この場合は，7 個）のフィルタを一度に適用するため，2次元配列にフィルタを格納する（⑥）．このような多数のフィルタの組をフィルタバンクと呼ぶ．7 個のフィルタは帯域が重なるため，重ねずにプロットしたのが図 5.11 である．横軸は周波数インデクスである．これらを重ね合わせてプロットしたのが図 5.12 である．重なっている部分は 2 つのフィルタを足し合わせると，ピークの値と同じになる．

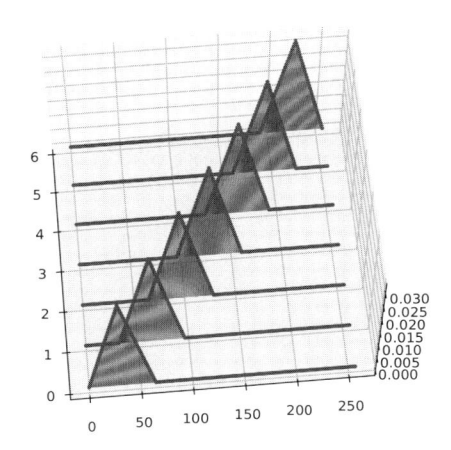

図 5.11 フィルタバンクの 3 次元プロット.

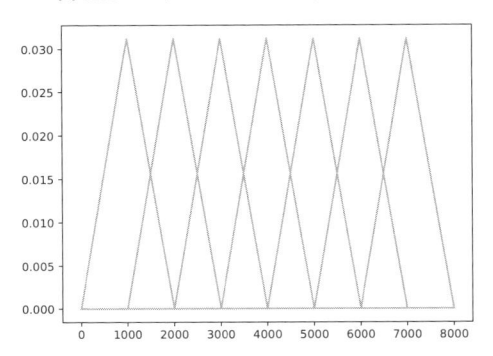

図 5.12 フィルタバンク.

　このフィルタバンクを適用すると，フィルタが 7 個なので，出力（図 5.13 の丸印）は 7 点となる．この 7 点は元の 64 点を 1 点に間引いたスペクトルであり，元のスペクトルの概形を反映し，水平に近いものになっていることがわかる.

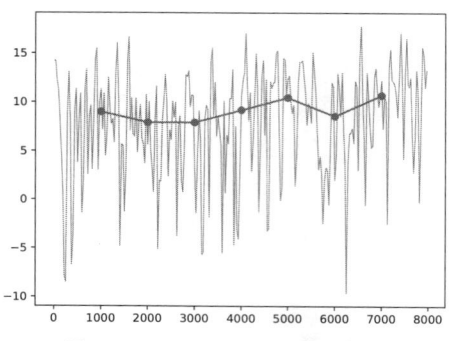

図 5.13　フィルタバンクの適用結果.

ılılılı. **5.5　メル周波数スケール変換（メルスペクトル）**

　離散フーリエ変換で求めたスペクトルを蝸牛基底膜の周波数応答特性に合わせるために周波数軸を対数軸にしてみる（図 5.14）．高域では，周波数成分が集中してしまっていることがわかる．

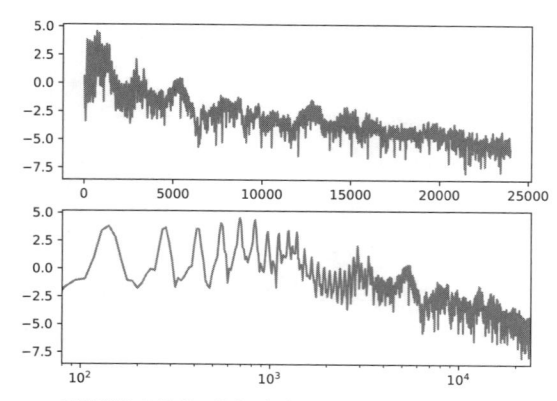

図 5.14　周波数軸が線形の場合（上）と対数の場合（下）のスペクトル

　フィルタバンクを用いると，帯域ごとに任意の点数で間引ける．つまり，低域と高域で周波数解像度を変化させられる．メル尺度のように周波数軸を対数にしたようなフィルタバンクとして，1000 Hz 以下はおおむね 100 Hz 程度の均一のフィルタ長とし，1000 Hz 以上は対数軸上で均一のフィルタ長，つまり，

高くなるほどフィルタ長を長くする方法が聴覚的なスペクトルとして用いられることがある（章末問題 4 参照）.

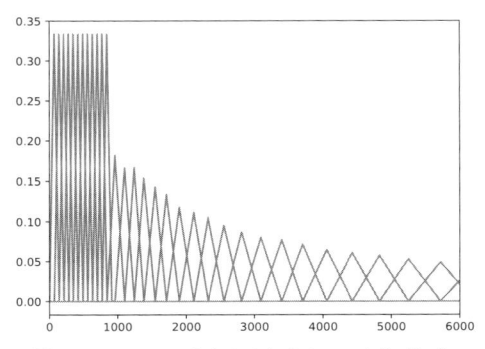

図 5.15　メルスペクトルのためのフィルタバンク.

　このフィルタバンクを用いて，母音/a/の部分のスペクトルを間引いた例を図 5.16 に示す．高域になると成分（丸印）の間隔が広がること，スペクトルの概形（スペクトル包絡）が捉えられていることがわかる．周波数軸を対数軸にしたものをプロットすると図 5.17 のようになる．ここで用いたフィルタバンクの帯域は，1000 Hz 以下では等幅なので，低域はばらつくが 1000 Hz 以上の帯域では，対数にした場合に，ほぼ均等になることがわかる.

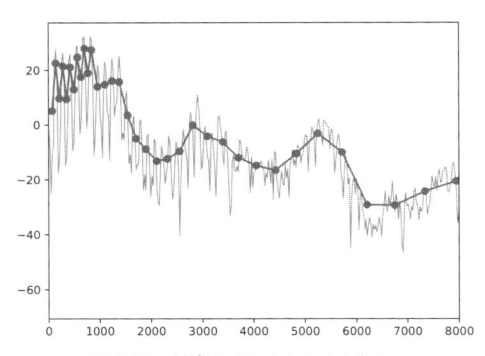

図 5.16　母音/a/のメルスペクトル.

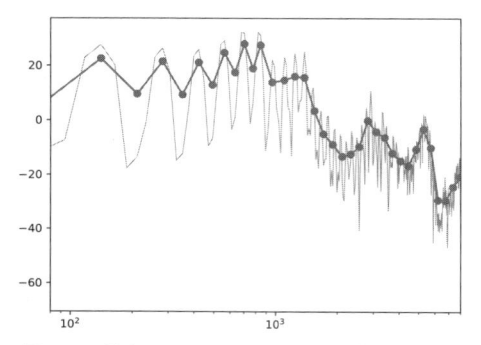

図 5.17 母音/a/のメルスペクトル（対数周波数）.

　このスペクトルを用いて，スペクトログラムを求めることもできる（メルスペクトログラムと呼ぶ）．周波数が線形になるスペクトログラムに比べるとパラメータ数を削減できるため，ニューラルネット用の特徴量として多用されており，librosaでは `librosa.feature.melspectrogram` が用意されている．また，TensorFlow の `tensorflow.signal` にも `linear_to_mel_weight_matrix` という関数が用意されている．

　`librosa.display.specshow` を用いると，簡単に次のようなメルスペクトログラムが表示できる[*4]（章末問題 7 参照）.

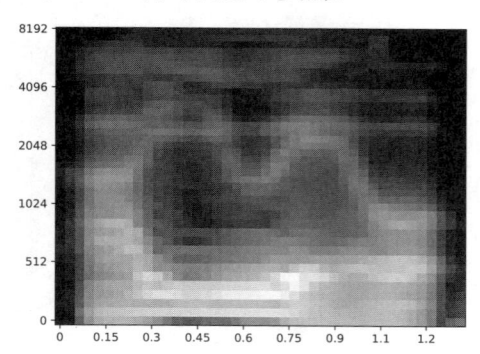

図 5.18 「あいうえお」のメルスペクトログラム.

周波数軸のラベルをみればわかるように，対数軸となっている（対数軸を取る

[*4]　図 5.18 は音の強さの dB を色の濃さで表している．ここでの dB の基準値はパワー（音声信号の実効値（2 乗平均平方根（RMS））を 2 乗した値）の最大値であるが，特に物理的な意味を持たない．

ことで何がわかるかは 3.3.3 項を参照）．通常のスペクトログラムと比較できるように周波数軸を線形にすると次のようになる（章末問題 8 参照）．

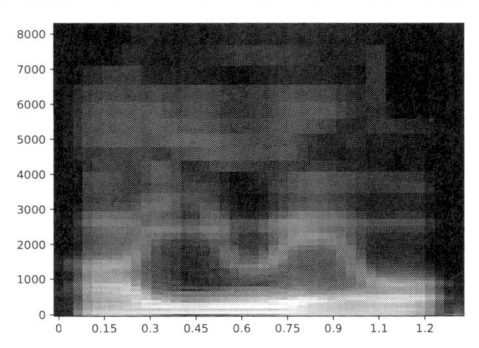

図 5.19 「あいうえお」のメルスペクトログラム（線形周波数軸）．

次章では，ここで得られたメルスペクトルを使って，音声固有のさまざまな特徴を取り出す方法について学んでいく．

コラム 7

深層学習と音声情報処理

近年では深層学習（Deep Neural Network, DNN）をはじめとする高度な機械学習モデルの発展によって，事前の情報処理を極力行わずに，必要な特徴量を機械に自動で学習させる技術が盛んに研究されており，特に視覚情報処理などでは有効である．いっぽう音声情報処理では，波形信号を直接入力する DNN は今のところ主流ではなく，入力の前処理として聴覚フィルタやメル変換，メルスペクトル変換などが広く有効とされている．これはなぜだろうか？

人が音声を扱う能力を進化させる過程で，脳の情報処理のメカニズム・聴覚神経系の信号処理のメカニズム・発声と調音のための生理的メカニズムは相互に影響を与えながら進化し，音声コミュニケーションに最適化されてきたと考えられる．そのため音声情報処理の機械学習モデルにおいても，人の音声情報表現である聴覚フィルタと似た入力が最適となるのは十分に「ありうる」話だと思われる．DNN モデルがどのような知識を学習したのかを理解して説明できるようになるためにも，人

の音声情報処理のメカニズムを学ぶことが重要といえるだろう.

₀₀ⁿⁿⁿₙ 章 末 問 題

1) 図 5.5 を参考にして,base からの距離と周波数の関係をグラフにせよ.そのグラフから,base からの距離と周波数の関係を定式化せよ.

2) 章末問題 1 のグラフと式 (5.4) のグラフを重ねてプロットし,相違点を考察せよ.

3) 式 (5.4) のグラフと式 (5.5) のグラフを重ねてプロットし,類似点,相違点を考察せよ.

4) メルスペクトルを求めるプログラムを完成させよ.なお,hz2mel(freq) は式 (5.5) に基づいて周波数 freq をメル尺度に変換する関数であり,mel2hz(mel) はメル尺度 mel を周波数に変換する関数である.それらも自作せよ [*5)].

プログラム 5.5 メルスペクトルを求めるプログラム.

```
sr = 48000
nFFT = 2048
nBank = 48  ⇦①
upper = sr/2
lower = 0
frequency = np.linspace(0, sr/2, int(nFFT/2)+1)

melFilterBank = np.zeros((nBank, int(nFFT/2)+1))
nMelWindowLow = int(np.floor(400/3/(sr/nFFT)))  ⇦②
if nMelWindowLow % 2 != 0:
    nMelWindowLow += 1

windowMelIncLow = _____  ⇦③
windowMelDecLow = _____  ⇦④
windowMelTriLow = _____  ⇦⑤
windowMelTriLowNormalized = _____  ⇦⑥
centerLow = np.arange(nMelWindowLow/2, 13*nMelWindowLow/2,
    nMelWindowLow/2).astype(int)
for iCenterLow in np.arange(len(centerLow)):
```

[*5)] メルフィルタバンクは librosa.filters.mel でも求められる.

```
    start = int(centerLow[iCenterLow]-nMelWindowLow/2)
    melFilterBank[iCenterLow, start:(start+nMelWindowLow+1)] =
        windowMelTriLowNormalized

upperMel = hz2mel(upper)
lowerMel = hz2mel(frequency[centerLow[-1]])
stepMel = (upperMel-lowerMel)/(nBank+1-len(centerLow))   ⟵ ⑦
center = np.round(mel2hz(np.arange(lowerMel, upperMel+1, stepMel))
    / (sr/2)*(nFFT/2)).astype(int)
for iCenter in np.arange(len(center)-2):
    t0, t1, t2 = center[iCenter+[0, 1, 2]]
    iCurrent = iCenterLow+iCenter+1
    melFilterBank[iCurrent, t0:(t1+1)] = np.linspace(0, 1, t1-t0+1)
    melFilterBank[_____, _____] = _____
    melFilterBank[_____, :] = _____

plt.plot(frequency, melFilterBank.T)
```

このプログラムでは, 48 個のフィルタで, ナイキスト周波数までをカバーする (①) ようなメルスペクトルを生成するためのフィルタバンクを作成する. 約 1000 Hz 以下は約 100 Hz ごとに中心周波数を持つ約 200 Hz の帯域のフィルタとする (②). ③で三角形のフィルタの左側を作成し, ④で右を作成, ⑤で完成させ, ⑥ で重みの総和が 1 となるようにする (プログラム 5.3 と同様の処理).

　約 1000 Hz 以上は, メル尺度上で均等な幅となるように中心周波数, フィルタ 幅を設定する (⑦). 完成してプロットすると図 5.15 が表示される.

5) 章末問題 4 で作成したプログラムを用いて適当な母音のスペクトルの概形を求 め, 第 1, 第 2 フォルマントを推定せよ.

6) 章末問題 4 で作成したプログラムを応用してメルスペクトログラムを表示せよ. specshow 関数を使うと次のように描画できる.

```
S = _____  # 自分で生成すること
SdB = librosa.power_to_db(S, ref=np.max)
librosa.display.specshow(SdB, cmap='viridis', x_coords=t,
                         x_axis='time', fmax=8000, y_axis='mel')
```

t はスペクトログラムを作成するときに生成される時間軸の配列である. この出 力は図 5.19 のようになる.

7) librosa の melspectrogram, specshow 関数を用いて適当な音声のメル スペクトログラムを対数の周波数軸で表示せよ.

8) librosa の melspectrogram, specshow 関数を用いて適当な音声のメル
   スペクトログラムを線形な周波数軸で表示せよ（ヒント：melspectrogram の
   公式ドキュメント [*6] を参照せよ）.

9) 48000 Hz など高いサンプリング周波数で音声を録音し, その音声を 24000 Hz,
   16000 Hz にダウンサンプリングしたデータを作成せよ. それらのデータのメル
   スペクトログラムと広帯域のスペクトログラムを求め, 比較, 考察せよ.

   ただし, スペクトログラムに関しては, 周波数解像度がなるべく同じになるよう
   にすること. メルスペクトログラムに関しては, 同じ周波数帯でのフィルタバンク
   の帯域は同じになるようにすること. 章末問題 4 のプログラムの場合は, nBank
   などを適宜修正する必要がある. melspectrogram を用いる場合も, 設定を適
   宜変えなければならないことに留意せよ.

[*6]   https://librosa.org/doc/main/generated/librosa.display.specshow.html

6 音声の特徴抽出

　5章では，外耳から内耳にかけて音声波形が増幅され，周波数フィルタバンクを通過して電気信号に変換される過程をみてきた．また，この変換過程はメルスペクトル変換としてコンピュータ上でも再現できることを学んだ．

　音声信号処理では，より高度な応用のために，ここまでの処理で得られたスペクトル情報に対してさまざまな特徴量抽出が行われる．これは人の内耳から脳にいたる聴覚神経経路においても同様であると考えられる．

　そこで本章の前半では，音声のスペクトルから抽出できる情報についてまとめる．また，人の聴覚神経経路で行われている情報処理について，現在知られていることをごく簡単に紹介する．後半では，代表的な手法であるケプストラム分析，および音声認識技術で広く用いられてきたメル周波数ケプストラム係数（Mel Frequency Cepstral Coefficient，MFCC）について学ぶ．

プログラム 6.1　この章で利用するパッケージ.

```python
import numpy as np
import matplotlib.pyplot as plt
from scipy import signal
import scipy.fft
import librosa
```

6.1　音声のスペクトルから得られる情報

　音声の重要な特性に，実時間性と揮発性がある．音声は時間の変化とともに常に変化していて（実時間性），ある瞬間に聞いた音の信号は，次の瞬間には蒸発するように消えてしまい（揮発性），別の音になっている．このことはスペクトル分析の際に問題になることをすでに学んだ（3.3.2 項）．また，母音と

子音では持続時間の長さや，スペクトルの変化の度合いが異なることも学んだ（2.1.2 項）．さらに，相手と会話を成り立たせるためには，聞き手は話し手の話す音素や単語を聞き続けて，時系列順に文章を組み立てなければならない．

表 6.1 は，音声の持つ情報を時間長別にまとめた表である．

音声信号処理において，特に重要な時間長は以下の通りである．後の章で扱う内容もここで紹介しておく．

(1) **10 ms（0.010 s）未満**　人の聴覚系は方向感覚の知覚にも用いられるため，10 マイクロ秒 [μs] 以下の時間分解能を持つ．この分解能は音声信号処理では過剰だが，音声生成においては，短い子音の表現のために 10 ms 程度の分解能が必要な場合もある．

(2) **20 ms**　音素のある瞬間の特徴を扱うのに適切な長さであるとされる．通常，離散フーリエ変換のフレーム 1 つの長さは 20 ms 程度である（3.3.2 項）．極めて定常的で変化の少ない音素（ゆっくり明瞭に話した母音など）では，10 ms 程度だけ取り出せば疑似的に周期信号のようにみなせて，離散フーリエ変換を行える場合もある．

(3) **60 ms**　音素の時間的変化の特徴を扱うのに最低限必要な長さである．多くの子音は複雑な調音方法を取るので，子音の特徴は 1 つのフレームでは表現しきれない．そのため，連続する数フレームのスペクトルの連続

表 6.1　音声知覚における時間の階層構造（文献[15]，表 2.4）．

時間長	感覚・現象	対応する技術
10 μs	方向知覚	
		信号処理
1 ms	音の違いの識別	
10 ms	母音の音色の識別	
	逐次感	パターン処理
100 ms	時間順序の知覚	
	子音の識別	
	調音結合の補償	
	単語	
1 s	音韻の聞き分け	音声認識
	リズム感の上限	
	文	
10 s	文章	自然言語処理
	会話	

的な変化の情報を扱うことが多い（詳しくは 8 章で学ぶ）．一方，ゆっくり明瞭に発声された母音では，特徴があまり変化しないので，1 つのフレームで十分に特徴を表現できる場合もある．例えば 7 章で用いる `formant_table.csv` では，各母音について時間的な中心点の 1 フレームのみを対象に分析している．

(4) 300 ms　成人が普通の早さで発した音節（母音＋子音）の標準的な長さである．しかし，例えば破裂子音であれば 50 ms 程度でも発声できるし，母音は 1 s 以上発声し続けることも可能である．さらに話し方や発話速度，周囲の音環境によっても音節の長さは変化する．そのため，音節レベル以上では，可変長の特徴量を扱う方法が必要である．古くから動的計画法（Dynamic Programming, DP），隠れマルコフモデル（Hidden Markov Model, HMM）などが使われてきた．

(5) 1000 ms　音素と音素のつながり（音素系列）や，短い単語（2〜3 音節語）を扱うのに必要な長さである．多くの音素の音響的な特徴は，その前後の音素に影響を受けて変化する（8 章）．したがって，この時間スケール以上では，音節と音節系列の変化を同時に扱える手法が必要である．深層学習（DNN）の一種である多層リカレントニューラルネットワーク（Recurrent Neural Network, RNN）や，近年では自己注意機構（self-attention）を備えた DNN が高い認識性能を実現している．

(6) 1000 ms 以上　文や韻律を扱うのに必要な長さである．音素の特徴（声道特性）に対して，韻律の特徴（声帯特性）の変化はゆっくりしているので，この時間スケールでの変化を捉える必要がある（9 章）．また，人は単語系列を一定のルール（文法）に従って並べていくことで，いくらでも長い文章を作り出せる．したがって，（呼吸が続く限り）発話の長さに上限はない．このレベルの情報表現は，単語と単語の共起情報を表現した辞書（言語モデル）が使用される．近年では大規模な DNN によって高性能な言語モデルが実現されている．

　音声が表現する情報は時間スケールによって異なるため，フレーム処理のためのフレームの長さは目的や内容に合わせて設定することが重要である．なお近年では，音素系列と単語系列という，まったく異なる時間スケールの情報処

理を 1 つの大規模 DNN で行うエンドツーエンド音声認識（コラム 7 参照）も盛んに研究されている.

ılılıll. **6.2 聴覚末梢の情報処理**

前節でみてきたような音声のさまざまな時間スケールの情報を，人はどのように扱い，符号化し，処理しているのだろうか？

人の聴覚末梢神経経路（内耳から大脳皮質聴覚野系にいたる経路）で行われている情報処理についてはまだわかっていないことも多い．ここでは簡単な概要を紹介する [*1)].

図 6.1 は両耳の蝸牛で変換された電気信号の伝達経路を示したものである.

内耳で電気信号に変換された情報は，蝸牛神経核から内側膝状体にいたる神経経路を通って，中枢神経系である大脳皮質聴覚野に伝達される．聴覚末梢系では，このような複雑な神経経路をたどって両耳の情報が統合される.

音声信号はただ一方通行に伝わるのではなく，末梢から中枢に向かう求心性経路と，中枢から末梢に向かう遠心性経路

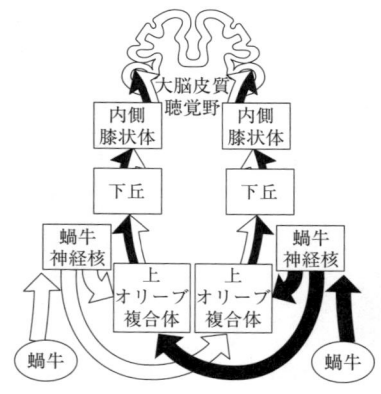

図 6.1 聴神経における聴覚信号の伝達経路.

があり，各部位には神経細胞（ニューロン）の興奮と側抑制，自発性放電，周波数局在性などのメカニズムがある．これによってスペクトルのピークの強調や，将来入力される音声信号の予測など，音声信号にとって重要な特徴を強調し，重要でない特徴を抑制するための信号処理が実行されているのである．この過程で行われる情報処理は，単純化すれば中枢神経系の高度な音声信号処理のための前処理だと理解できる（図 6.2）.

コンピュータによる音声信号処理のしくみは，必ずしも人の神経経路で行われている処理と対応づいているわけではないが，音声波形から特徴量の時系列

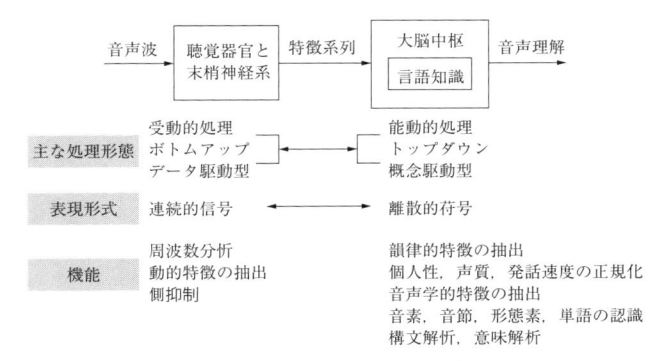

図 6.2 音声知覚過程の概念モデル（文献[15]，図 4.13）.

を抽出し，解析し，意味理解を行うという過程は同じといえるだろう．次節以降は，コンピュータでメルスペクトルから音声の特徴抽出を行う方法について学ぶ．

6.3 音素の特徴をあらわす声道関数

音声の特徴抽出処理の重要な目的の 1 つは，実際の音声から声道特性と声帯特性を分離することである．特に声道特性が音素の認識にとって重要であり，母音の発声ごとに声道特性が異なることを 4.2.2 項で学んだ．音素の聞こえにとって重要なのは声道由来のスペクトルであり，声帯由来のスペクトルではないことを，再び 4 章の 2 気柱モデルで確かめてみよう．

プログラム 4.6 を用いて，図 4.8（日本語の/a/の声道形状を 2 気柱モデルで近似したもの）の声道関数を用いて，基本周波数 131 Hz と 220 Hz で生成した波形は次のようになる．このグラフをみればわかるように，そもそも 1 周期の長さが異なるし，1 周期の波形をみてもあまり似ているとはいえない．

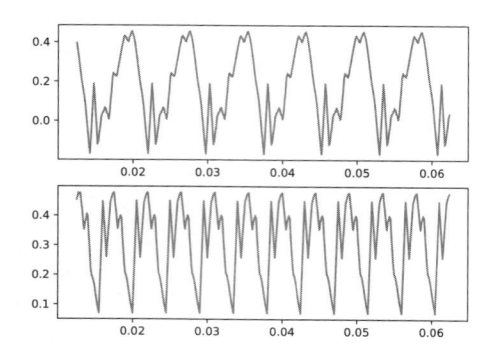

図 6.3　同じ声道関数を用いて生成した音声波形（基本周波数 上：131 Hz，下：220 Hz）.

これらの波形のスペクトルを比較すると図 6.4 のようになる.

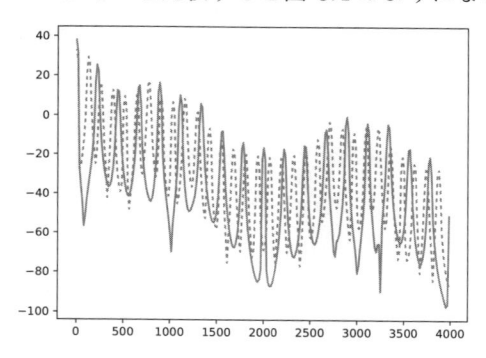

図 6.4　同じ声道関数を用いて生成した音声のスペクトル（基本周波数 破線：131 Hz，実線：220 Hz）.

基本周波数が異なるために，生成された音声のスペクトルの周波数成分（図 6.4 の横軸）の各値も異なってくるので，概形は似ていてもスペクトル自体はあまり重なっていないことがわかる. しかし，この 2 つの音声を聞いてみると，どちらも日本語の /a/ のような音に聞こえる. これは，同じ声道関数を用いて生成したからである. つまり，/a/ であることを認識するためには波形やスペクトルから声道関数を分離し，それを比較できればよい.

　プログラム 4.6 で説明した音声の生成方法を再度みてみる. このプログラムでは，時間領域の畳み込みで音声を生成している. 畳み込み演算を * であらわし，声帯を駆動するインパルスを $p[n]$ （n は時間インデクス，図 6.5），声帯振動のインパルス応答（インパルスが与えられたときの，声帯振動モデルの出

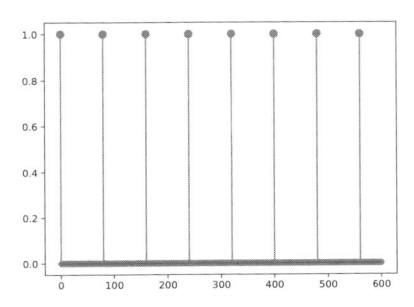

図 6.5 基本周波数 100 Hz サンプリング周波数 8000 Hz のインパルス列（一部）.

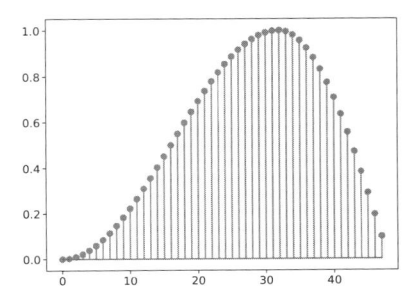

図 6.6 声帯振動のインパルス応答.

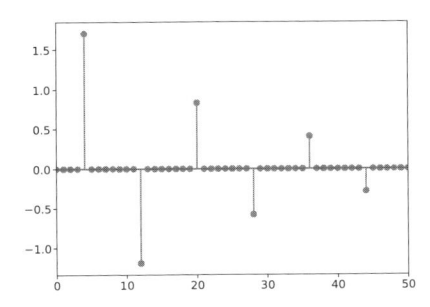

図 6.7 （均一な断面積の）声道関数のインパルス応答（一部）.

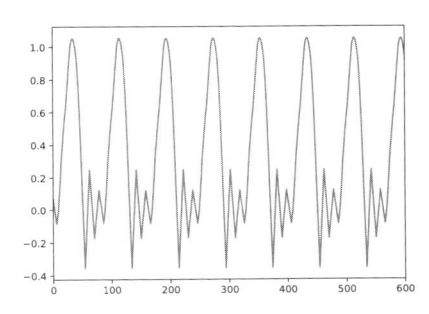

図 6.8 生成された音声波形（一部）.

力）を $g[n]$ （図 6.6），声道関数のインパルス応答を $v[n]$ （図 6.7）とすると，生成される音声 $s[n]$ （図 6.8，横軸の単位は秒）は，

$$s[n] = p[n] * g[n] * v[n] \tag{6.1}$$

とあらわされる.

離散フーリエ変換の性質から，時間領域の畳み込み $a[n] * b[n]$ は，対応するスペクトルを $A[k]$（k は周波数インデクス），$B[k]$ とするとスペクトルの積 $A[k]B[k]$ となる．これを利用すると，$s[n]$ のスペクトル $S[k]$ は，声帯を駆動するインパルスのスペクトル $P[k]$ （図 6.9），声帯振動のスペクトル $G[k]$（図 6.10），声道関数の周波数応答 $V[k]$ （図 6.11）を用いて

$$S[k] = P[k]G[k]V[k] \tag{6.2}$$

とあらわされる（図 6.12）.

一般に，畳み込みされた信号を元の成分に分離するのは非常に難しい．した

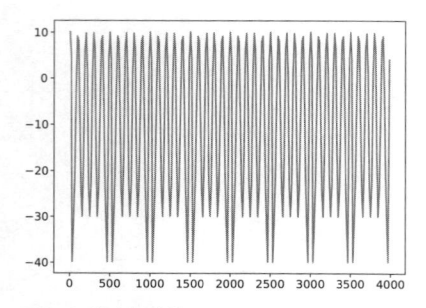

図 6.9 基本周波数 100 Hz サンプリング周波数 8000 Hz のインパルス列のスペクトル.

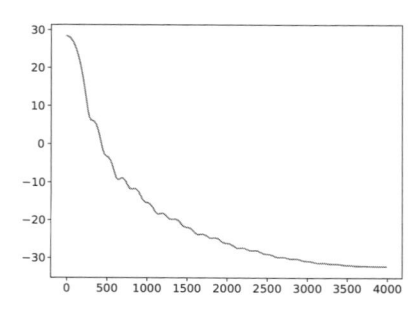

図 6.10 声帯振動のスペクトル.

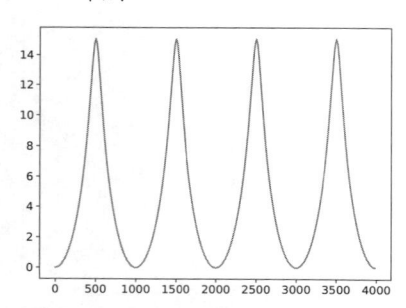

図 6.11 （均一な断面積の）声道関数の周波数応答.

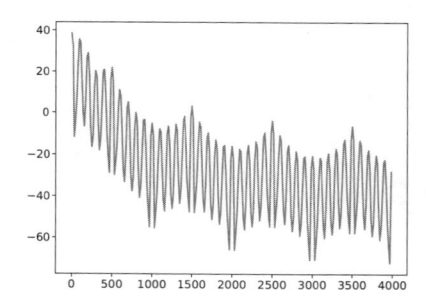

図 6.12 生成された音声のスペクトル.

がって，時間領域の信号から直接，声道関数のインパルス応答を分離するのは難しい．一方，畳み込み演算はかけ算となる．かけ算を分解するためには，例えば，式 (6.2) を $P[k]$ は声の基本周波数が推定できれば推定できることを利用して，

$$G[k]V[k] = \frac{S[k]}{P[k]} \tag{6.3}$$

と計算できればよいようにみえるかもしれない．しかし，スペクトルが簡単に推定できる理想的なインパルスでは，基本周波数の倍音成分以外は 0 となるため，分母に 0 があり，割り算が計算できない．そこで，式 (6.2) の右辺の $P[k]$ と $G[k]V[k]$（図 6.10 と図 6.11 のスペクトルをかけたものが図 6.13 である）を分離するために考えられたのがケプストラム分析である．

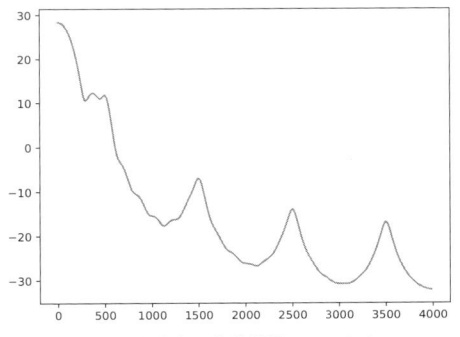

図 6.13 分離する声道関数のスペクトル.

6.4 ケプストラム分析

　スペクトル分析とは，複合波である音声の各周期性成分を分離するために離散フーリエ変換を行うことであった．ところで離散フーリエ変換の結果得られた対数振幅スペクトルをよくみると，大局的な変動（声道振動と声道由来のスペクトル成分）に加えて，規則正しく周波数成分のピークが繰り返され（声帯振動のインパルス），周期的なパターンを示していることがわかる．すなわち，スペクトルもまた複合波の特徴を備えている．そこでスペクトルの各成分を分離するために，さらに時間領域に変換することを考える．これがケプストラム解析の基本的な考え方である．以下で詳しくみていこう．

6.4.1 算 出 方 法
　式 (6.2) の両辺の絶対値を取り，対数を取る．

$$\log |S[k]| = \log |P[k]G[k]V[k]| \tag{6.4}$$

$$= \log |P[k]| + \log |G[k]V[k]| \tag{6.5}$$

すると，右辺の要素のかけ算が足し算になる．

　$\log |S[k]|$ を逆フーリエ変換したもの $c[n]$ をケプストラムと呼ぶ．ケプストラムは cepstrum と書く．これは，spectrum（スペクトル）の spec を 反転させて ceps としたものである．ケプストラムを求める手順をまとめると図 6.14 となる．

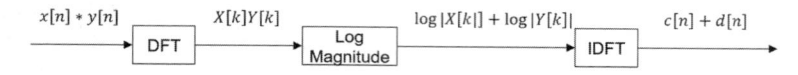

図 6.14 ケプストラムを求める手順.

　Python では次のようになる. 音声波形の時間系列 $s[n]$ を s として (6.3 節
あるいはプログラム 3.3 を参照. chap06_synth_vowel.wav としてサポー
トサイトで提供), ケプストラムを求める手順を示す.

プログラム 6.2　ケプストラム算出.

```
s,sr = librosa.load('chap06_synth_vowel.wav', sr=None)
nFFT = 512
S = np.fft.rfft(s[:nFFT]*np.hanning(nFFT))  ← ①
LS = np.log(np.abs(S))  ← ②
c = np.fft.irfft(LS)  ← ③
plt.stem(c)
```

図 6.14 の手順通りに, 分析する区間を切り出す. この信号は 1 秒間すべて同
じ信号なので, 最初から切り出し, 窓かけをして離散フーリエ変換しスペクト
ルを求める (①). さらに, 対数振幅スペクトルを求め (②), 逆フーリエ変換
し, ケプストラム c を求める (③).

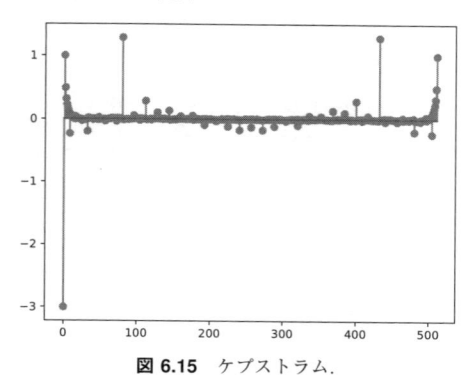

図 6.15　ケプストラム.

　このプロットの低域を観察するために, 0 が中心になるようにしてみる.

```
x = np.arange(len(c))-len(c)/2
plt.stem(x, np.fft.fftshift(c))
plt.xlim([-120,120])
```

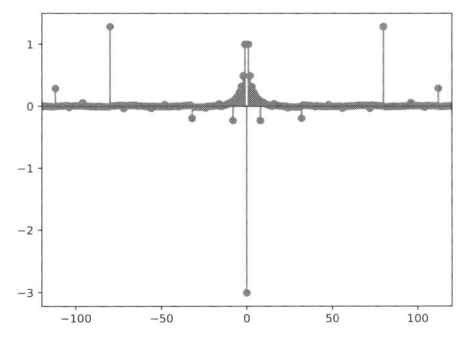
図 6.16 ケプストラム（0 中心）.

この中央付近の値を確認してみる.

```
np.fft.fftshift(c)[256-2:256+3]
```

```
array([ 0.49031305, 0.99687786, -3.00608708, 0.99687786, 0.49031305])
```

このように，中央部分を境に対称であることがわかる.

ケプストラムは対数振幅スペクトルを逆フーリエ変換したものなので，横軸の単位は時間（間隔はサンプリング周期）となる．ケプストラムと同様に，周波数（frequency）にちなんでケフレンシー（quefrency）と呼ぶ.

6.4.2 ケプストラムに基づく成分の分離

声帯を駆動するインパルス $p[n]$ （周期 8 ms）のケプストラムは次のようになる（横軸は 0 から開始する）.

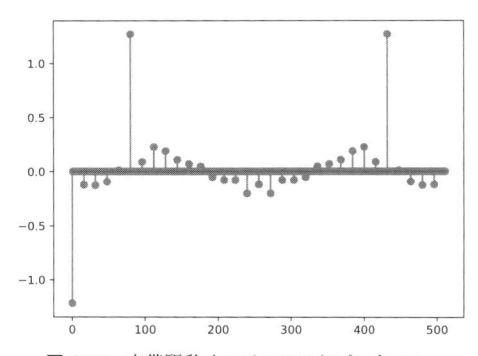
図 6.17 声帯駆動インパルスのケプストラム.

　最初のピークのインデクスは 80 となっている．サンプリング周期は $1/8000\,\mathrm{s}$ なので，このピークは周期 $0.01\,\mathrm{s}$ に対応している．つまり周波数 $100\,\mathrm{Hz}$ に対応している．

　声帯振動と声道特性を畳み込んだインパルス応答 $g[n] * v[n]$ のケプストラムは次のようになる（横軸は 0 から開始する）．

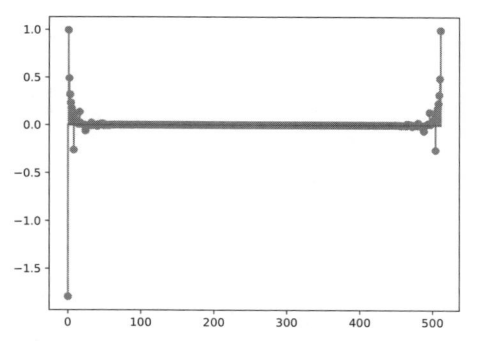

図 6.18　声帯振動と声道特性を畳み込んだインパルス応答のケプストラム.

インデクスが小さい部分以外は，ほとんど値が 0 に近い値になっていることがわかる．0 付近を拡大してみる．

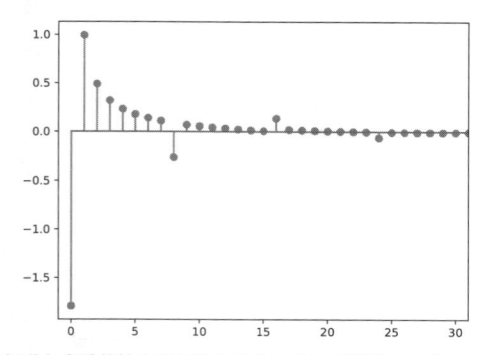

図 6.19　声帯振動と声道特性を畳み込んだインパルス応答のケプストラム（0 付近）.

　$p[n]$ と $g[n] * v[n]$ のケプストラムは，ケフレンシー上でおおむね重ならない領域に分布することがわかる．また，$p[n] * g[n] * v[n]$ のケプストラム（図 6.15）は $p[n]$ と $g[n] * v[n]$ のケプストラムの和になっていることもわかる．

　したがってケフレンシーの小さい領域（低次成分）と大きな領域（高次成分）で分けることで $p[n]$ と $g[n] * v[n]$ のケプストラムが分離できる．

プログラム 6.2 の c に対し，次のようにすることで，低次成分だけを取り出せる．

```
order = 14
cGVLow = c
cGVLow[order+1:-order] = 0
GVLow = np.fft.rfft(cGVLow)
f = np.fft.rfftfreq(nFFT,1/sr)
plt.plot(f,20*GVLow/np.log(10))
```

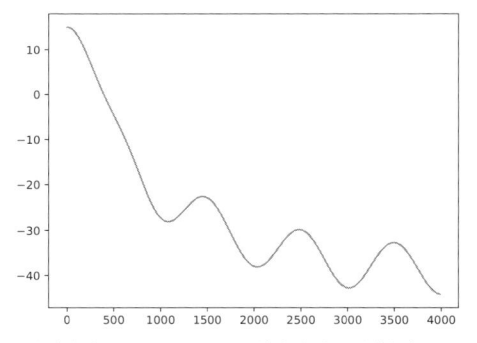

図 6.20　合成音声のケプストラムの低次成分の対数振幅スペクトル.

図 6.13 と重ねてプロットすると次のようになる．

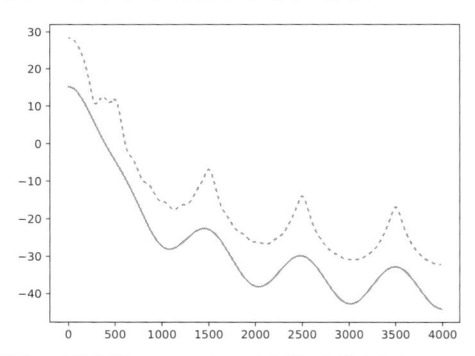

図 6.21　分離する声道関数のスペクトル（破線）と推定したスペクトル（実線）.

おおむね推定できていることがわかる．フォルマントもほぼ推定できている．
また，図 6.12 と重ねてプロットすると次のようになる．

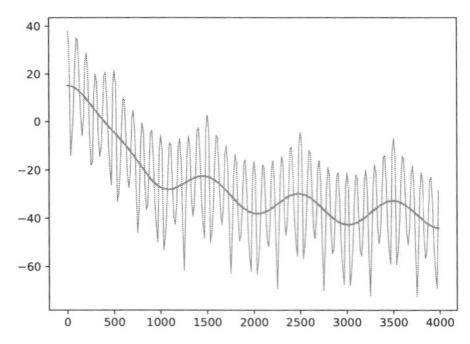

図 6.22 合成音声のスペクトル（細線）と推定された声道関数のスペクトル（太線）.

コラム 8

線形予測符号化

　スペクトル包絡（声道特性の大域的な形状）を求める方法は，本節で学んだケプストラム分析以外にもある．代表的な手法が線形予測符号化（Linear Predictive Coding, LPC）である．LPC は観測された音声信号から声道モデルのパラメータを直接推定する手法で，得られたスペクトル包絡はケプストラム分析よりも鋭いピークが得られるため，フォルマントの推定に向いている[21]（図 6.23）．ただし LPC は比較的ノイズに弱いというデメリットもある．扱う音声信号の特徴と分析の目的に合わせて，適切な手法を選ぶべきである．

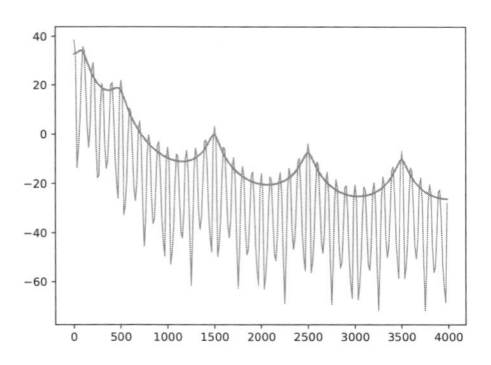

図 6.23 LPC で求めたスペクトル包絡（太線）.

6.4.3　ケプストラムを用いた音声の分析

日本語の /a/ のケプストラムを求める例を次に示す.

プログラム 6.3　音声信号のケプストラム分析.

```
def cepstrum(S):
    LS = np.log(np.abs(S))
    return np.fft.irfft(LS)

def liftering(in_ceps, order=14):
    out_ceps = in_ceps.copy()
    out_ceps[order+1:-order] = 0
    return out_ceps

ySa, sr = librosa.load('sa48k.wav',sr=16000)    ← ①
ySa = signal.lfilter([1, -0.97], 1, ySa)    ← ②
nFFT = 512
yA = ySa[7000+np.arange(nFFT)]*np.hanning(nFFT)    ← ③
SA = np.fft.rfft(yA)
cA = cepstrum(SA)
cALow = liftering(cA, 20)
plt.stem(cA)
```

プログラム 6.2 と同様であるが, サンプリング周波数は 16000 Hz としている（①）. また,（②）ではプリエンファシスを行っている.（③）で /a/ の部分を選択している.

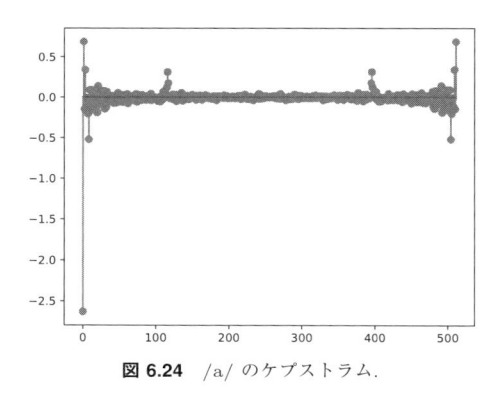

図 6.24　/a/ のケプストラム.

低次に成分が集中していることがわかる.

　基本周波数に対応した成分を含む低次成分を拡大すると図 6.25 のようになる. インデクス 116 のところにピークがあることがわかる. これが基本周波数に対応している. 14 次以下の低次成分を取り出して推定したスペクトルを, こ

のフレームのスペクトルと重ねてプロットすると図 6.25 のようになった.

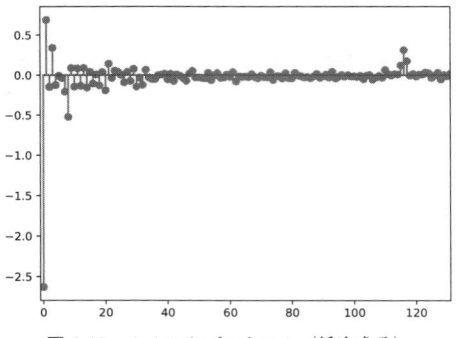

図 6.25 /a/ のケプストラム（低次成分）.

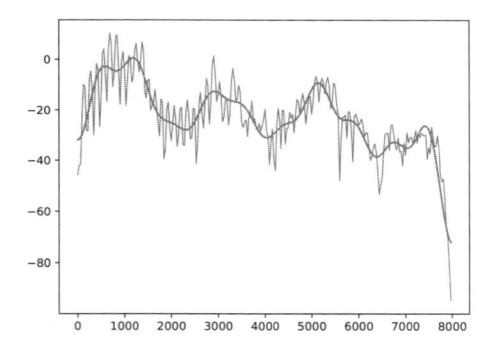

図 6.26 ケプストラムを用いて推定した /a/ の声道関数のスペクトル（太線）.

日本語の /s/ （サンプリング周波数 16000 Hz）から求めたケプストラムの例を次に示す.

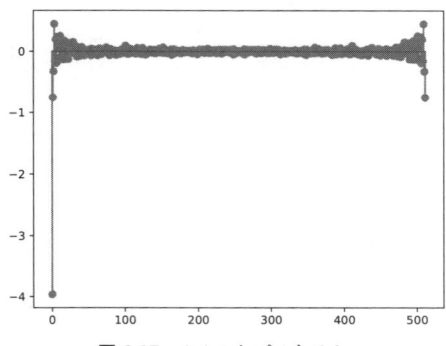

図 6.27 /s/ のケプストラム.

無声音なので，基本周波数に対応するようなピークは見当たらない．

　無声音であっても，声道関数はケプストラムの低次成分から推定できる．

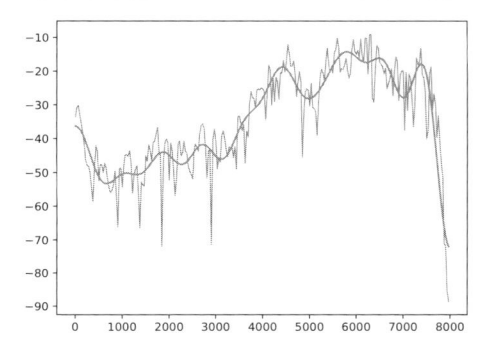

図 6.28　ケプストラムを用いて推定した /s/ の声道関数のスペクトル（太線）．

6.4.4　ケプストラム距離尺度

　ケプストラムを用いると音素を特徴づける声道関数を分離できる．しかし，ケプストラムには，もう 1 つスペクトルの概形の類似性を測るのに適した性質がある．

　2 つのケプストラム $c_1[n]$ と $c_2[n]$ のユークリッド距離（の 2 乗）は次の式で計算できる．

$$D = \sum_n |c_1[n] - c_2[n]|^2 \tag{6.6}$$

パーセバルの定理を用いると，次のように変形できる．

$$D = \frac{1}{2\pi} \int_{-\pi}^{\pi} \left| \log|S_1(\omega)| - \log|S_2(\omega)| \right|^2 d\omega \tag{6.7}$$

ただし，$S_1(\omega)$，$S_2(\omega)$ は，それぞれ $c_1[n]$，$c_2[n]$ に対応するスペクトルである．つまり，ケプストラムのユークリッド距離の大小関係は対数スペクトルの差と同等であることことがわかる．つまり，対数スペクトルの近さをケプストラムのユークリッド距離で測ることができる．

　実際にこの章で求めた 2 気柱モデルによる（/a/ を近似した）基本周波数 131 Hz のケプストラムの低次成分を cA131Low，/a/ のケプストラムの低次成分を cALow，/s/ のケプストラムの低次成分を cSLow とすると Python では，式 (6.6) の D は次のように計算できる．

```
np.linalg.norm(cALow-cSLow)**2
```

```
7.461067450871402
```

```
np.linalg.norm(cALow-cA131Low)**2
```

```
1.4490777304874765
```

```
np.linalg.norm(cSLow-cA131Low)**2
```

```
6.02376829147306
```

声道関数が似た組の D が小さいことがわかる.

ılıllıı. 6.5 メル周波数ケプストラム係数（MFCC）

　音声のスペクトルの表現方法として 5.5 節でメルスペクトルを，また音声の声道成分の分離手法として 6.4 節でケプストラムを紹介した．ここでは，メルスペクトルに基づくケプストラムであるメル周波数ケプストラム係数（Mel Frequency Cepstral Coefficient, MFCC）を紹介する．

　MFCC は音声信号処理において広く使われる特徴量の 1 つで，人が知覚可能な時間・周波数領域の音声情報を比較的少ない次元に圧縮して表現したものである[2]．そのため，多くの言語の多様な音素の音響特徴を表現できると考えられており，特に音声認識によく用いられる．さらに，MFCC は音楽の情報処理の分野などでも広く用いられている．

　ケプストラム分析では対数振幅スペクトルに対し，逆フーリエ変換を適用してケプストラムを求めた．MFCC では，低周波数成分をより強調するために離散コサイン変換を用いる．

　離散コサイン変換を用いた MFCC の算出方法は次の通りである．

```
ySa, sr = librosa.load('sa48k.wav',sr=16000)
ySa = signal.lfilter([1, -0.97], 1, ySa)
nFFT = 512
yA = ySa[7000+np.arange(nFFT)]*np.hanning(nFFT)
SA = np.fft.rfft(yA)
f = np.fft.rfftfreq(nFFT,1/sr)
```

---

[2] 深層学習では多次元データの取り扱いが容易なため，近年では MFCC ほどの情報圧縮をせずに，メルスペクトルをそのまま使う場合も増えている．

```
nBank = 40
melFilterBank = _____ # 各自求めよ
melSA = np.log(melFilterBank@np.abs(SA))
order = 13
mfccSA = scipy.fft.dct(melSA)  ⤶①
mfccSA[order+1:] = 0
mfccSA[0] = 0
plt.plot(f,np.log(np.abs(SA)))
plt.plot(f,np.log(np.sum(np.exp(scipy.fft.idct(mfccSA))
        *melFilterBank.T,axis=1))[:-1])  ⤶②
plt.show()
```

①でケプストラムを求めている．ここでは，`ifft` ではなく `dct` を用いている．②では，低次（ここでは 13 次）のケプストラムから対数スペクトルを復元している．

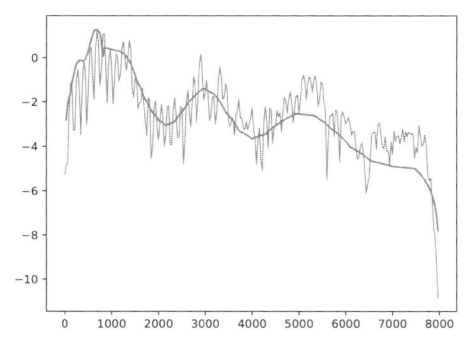

図 6.29 低次 MFCC からのスペクトルの概形の復元（太線）．

13 次元に情報を圧縮した MFCC であっても，元の波形の対数スペクトルの情報をかなり保持できていることがわかる．

生データを機械学習モデル（特に深層学習）が扱いやすい形式に圧縮・変換することを埋め込み表現抽出（あるいはエンベディング）と呼ぶ．MFCC は音声信号の埋め込み表現の一種であると言える．目的に応じてさまざまな埋め込み表現が開発されている．以下に例を挙げる．

- MFCC (Mel-Frequency Cepstral Coefficients)：音声信号のスペクトル特性を表現する．聴覚神経系の特性とよく対応する．音声認識や音楽情報処理，聴覚実験などでよく使用される．

- Wav2Vec：生の音声波形を教示なし機械学習モデル（自己教師ありニュー

ラルネットワーク）で訓練した圧縮表現で，機械学習との相性がよい．ノイズや無声部分の情報も埋め込まれているため，近年では音声信号処理全般や，音声認識，音声合成に広く使用される．

- x-vector：音声信号を短いセグメントに分割し，それぞれのセグメントの発話者に関する情報を抽出する．話者認識・話者検出に特化した埋め込み表現である．詳細は 10.6 節を参照．

章末問題

1) 適当な母音を録音し，周期性が確認できる部分の音声波形を 5 周期分プロットせよ．その部分の適当な範囲のケプストラムを求めて stem を用いてプロットせよ．

2) 章末問題 1 で求めたケプストラムの低次部分から声道関数の対数振幅スペクトルを推定し，横軸が周波数になるようにプロットせよ．

3) 録音した自分の 5 母音のデータからケプストラムを用いて声道モデルを推定し，それらを用いて母音を生成せよ．

4) 章末問題 3 のデータから MFCC を用いて声道モデルを推定し，それらを用いて母音を生成せよ．章末問題 3 の結果と比較して考察せよ．

5) 章末問題 3 のデータから推定した声道モデルを用いて，3 種類の高さの母音を生成せよ．

6) 「さ」，「し」，「す」，「せ」，「そ」を録音し，それぞれの子音の部分のケプストラムを求めよ．それぞれに対し，図 6.27 のようなプロットを作成せよ．
   また声道関数を求めたケプストラムどうしの距離を計算し，その結果に関して考察せよ．

7) 同じ発声方法で有声，無声の子音の組を単語の一部として録音せよ（異なる単語でかまわない）．それらの子音の部分の波形を中央になるようにして，50 ms 程度プロットせよ．それぞれの子音の部分のケプストラムを求めて比較し，共通点，相違点について考察せよ．

8) 「あ」,「い」,「う」,「え」,「お」を録音し,それぞれの母音の周期的な部分の
ケプストラムを求めよ.それぞれに対し,図 6.26 のようなプロットを作成せよ.
　また声道関数を求めたケプストラムどうしの距離を計算せよ.また,それぞれ
の母音に関して,第 1 フォルマントを横軸,第 2 フォルマントを縦軸とした 2 次
元平面にプロットせよ(scatter を用いる).その結果と距離の関係を考察せよ.

9) プリエンファシスを行った場合と行っていない場合で,フォルマント推定結果
が変わるか否か,適当な母音発声を対象に検証せよ.

10) 子音の分析に関して,プリエンファシスはどのような効果,もしくは影響があ
るか,予測し,その予測が妥当か否か検証せよ.

11) 適当な単語をフレーム処理し,そのフレームのスペクトルの概形をケプストラ
ムを用いて推定し,その結果を図 6.30 のように可視化せよ.

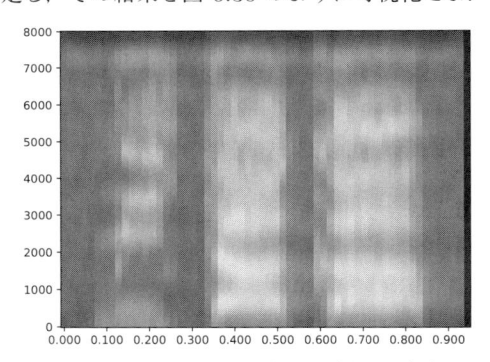

図 6.30 スペクトルの概形の時間変化の可視化.

12) 適当な単語をフレーム処理し,そのフレームのスペクトルの概形を MFCC を
用いて推定し,その結果をスペクトログラムのように可視化せよ.

13) 「ざ」,「じ」,「ず」,「ぜ」,「ぞ」を録音し,それぞれの子音の部分の MFCC
を求めよ.それぞれに対し,図 6.29 のようなプロットを作成せよ.
　また MFCC どうしの距離を計算し,その結果に関して考察せよ.
　プリエンファシスの有無を比較し,プリエンファシスが結果にどのような影響
を与えるか考察せよ.

7　母 音 の 認 識

　ここからは，人やコンピュータが，6章で学んだ音声の特徴情報をどのように処理・解析することで，意味のある言語音声の認識に結びつけているのかを考えていこう．母音の音色の違いは発声方法の違いに起因していて，主に開口度と舌の位置によって分類できることはすでに学んだ（2.2.2項，2.3.1項）．また，開口度は第1フォルマント（以後，この章では F_1），舌の位置は第2フォルマント（以後，F_2）の値とよく対応づいていることも学んだ（4.3節）．6章では，ケプストラム分析によって音声から声道特性を分離できること，声道特性の大域的なスペクトル包絡にフォルマントの値が見いだせることも学んだ．これで母音の認識のための材料が一通りそろった．

　そこで本章では，はじめにフォルマントと母音の関係をおさらいし，人が母音を認識するとき，どのような情報処理を行っているのかを解説する．続いて，インターネットから入手可能な言語資源に対して母音の自動セグメンテーションとフォルマント解析を行い，母音認識のためのデータを構築する方法を紹介する．最後に，実際にコンピュータに日本語の母音を認識させる方法を学ぶ．

プログラム 7.1　この章で利用するパッケージ．

```
import numpy as np
import matplotlib.pyplot as plt
from scipy import stats
import pandas as pd
from sklearn.mixture import GaussianMixture
```

ılllıı.. 7.1 母音の分布の特徴

7.1.1 フォルマントと F_1/F_2 平面

図 7.1 は世界のさまざまな言語の母音の IPA 記号を，F_1，F_2 の平均値でプロットしたものである．縦軸は F_1，横軸が F_2 であるが，原点が右上にあることに注意する．これは音声学でよく使われるグラフの書き方で，開口度（縦軸）と舌の位置（横軸）との関係が直感的にわかりやすい利点がある．図 2.11 と見比べてみよう．

このような横軸が F_1，縦軸が F_2 となるフォルマント空間を F_1/F_2 平面と呼ぶことにする．F_1/F_2 平面に展開された母音は /i/, /u/（IPA では [ɯ]），/a/ を頂点とする三角形をなす．多くの言語が /i/, /u/, /a/ またはこれに類似する母音を持つ．また，これに /e/, /o/ を加えた 5 つが日本語の母音である（図 7.1 の灰色の丸）．

7.1.2 フォルマントの多様性

フォルマントは声道を閉管とみなした際の共鳴周波数に対応する．フォルマントは声道の断面積によって決まるため，声の高さ（声帯の振動数）とは無関係であると学んだ（4.3 節）．そのため同じ母音を発声しようとすれば，誰でも

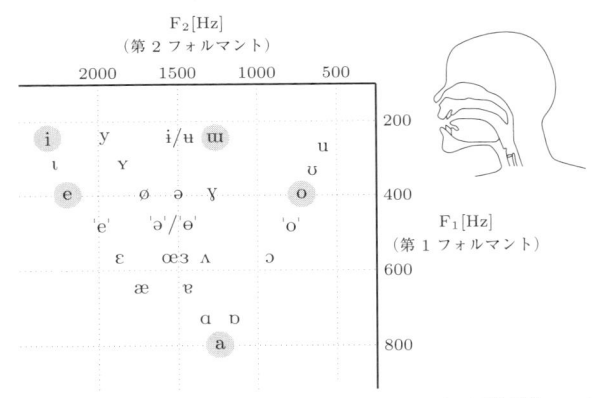

図 7.1 さまざまな母音の F_1 と F_2 の関係（文献[22, 23]に一部追加）．
縦軸は開口度，横軸は舌の位置と関係する．

同じようなフォルマントの値が出ると思うかもしれないが，これは誤りである.

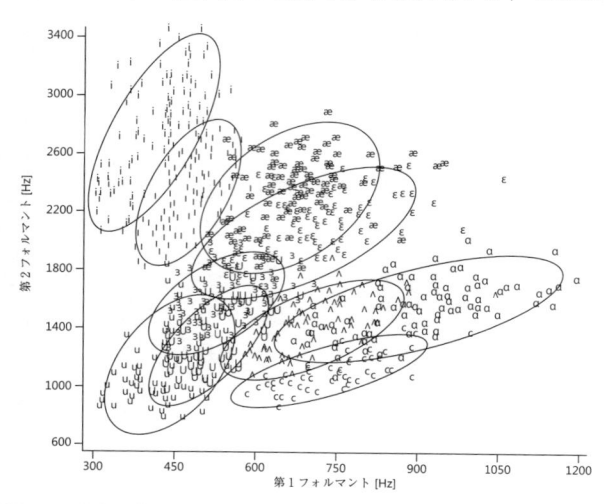

図 7.2　英語の 10 母音の第 1 フォルマントと第 2 フォルマントの分布（文献[24]，Box 2）.

　図 7.2 はさまざまな話者が英語の母音（単母音 10 種）を話したときのフォルマントの分布を示している[24]. 各記号は 1 人の話者が話した母音をあらわす. 話者によってフォルマントが大きく異なるばかりか，ある話者のある母音のフォルマントが，他の話者にとっては別の母音のフォルマントと同じ値を取ることすらある. このようなフォルマントの違いが生まれる原因を，以下に示す.

(1)　声道形状　話者の声道の形状の違いによってフォルマントは変わる. 図 7.3
　　は日本語の 5 母音のフォルマントの女声，男声それぞれの平均値をあら
　　わしている.

　　　フォルマントは声の高さとは無関係と学んだにもかかわらず，なぜ女
　　性の声のフォルマントの平均値は高くなる傾向があるのだろうか. これ
　　は女性の声の場合，声門（声帯に囲まれた空間）の開放度が大きく，声
　　道がより開管に近づくことに起因する. また，子供の声帯は声道の長さ
　　自体が短いため，フォルマント周波数も全体的に高くなる.

(2)　発話の状況　同じ話者でも，どのような状況で，誰に向かって，どういう
　　立場で話すのかによって話し方が変わり，フォルマントの値も変わる場

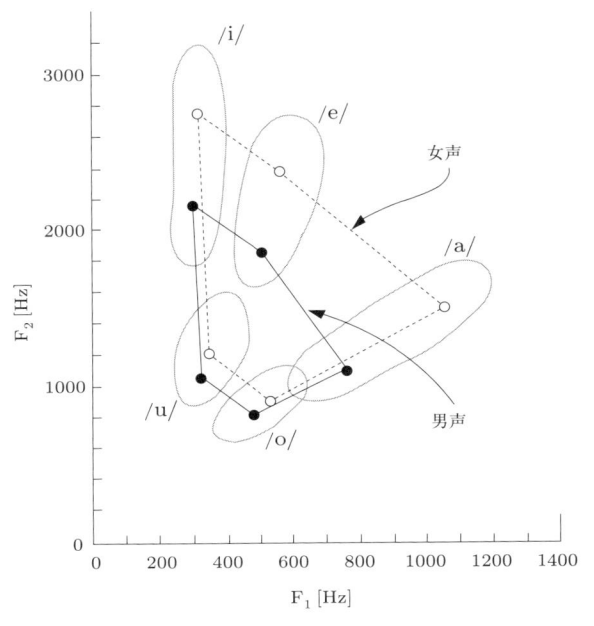

図 7.3 成人の性別による F_1 と F_2 の分布（文献[25]・文献[26]，図 5.13）.

合がある．例えば講義や電話口，雑音下での会話，音声認識システム（特に認識性能の悪いシステム）に向かっての発話などでは，多くの人はより調音に時間をかけて，はっきり明瞭に話そうとする傾向がある（hyper-articulation）.

(3) 前後の音素（調音結合） また，同じ話者が単独の母音を発声したときと，単語など複数の母音や子音を連続して発生したときでは，同じ母音であってもフォルマントの値が変わってくる．これは話し手が滑らかに声道を変形させて異なる母音を生成しているからで，これを調音結合という．調音結合については 8.2 節で詳しく紹介する.

以上のように，どの母音が話されているかとフォルマント周波数の絶対値は必ずしも一致しない．例えば，成人が仕事中に発声した /i/ のフォルマントと，子供が遊びの最中に発声した /i/ のフォルマントは，一般にかなり異なる.

しかしながら，人は誰がいつ発した音声であっても，注意を向けて聞いていれば，フォルマントの値の違いにかかわらず容易にその母音が何であるかを聞

き取ることができる．すなわち，人は母音の正規化（vowel normalization）の
能力を備えている．このような母音の正規化の能力は乳幼児でも持っているた
め，人の聴覚システムの基本的な機能の1つであろうと考えられている．

　次節では，コンピュータにも同じ問題を解かせてみよう．

iⅡⅢ‖ɪ.. 7.2　母音の分布のモデル化

　この節では，コンピュータに実際の音声データから抽出した母音のフォルマ
ント周波数のデータを読み込ませて，その母音のフォルマントの特徴を学ばせ
る（識別させる）ことを考える．識別システムを構築するための学習用のデー
タがたくさんあり，さらに，識別のしくみがはっきりしない場合に簡単に使え
る方法に確率分布によるモデル化がある．

7.2.1　母音のデータの構築

　母音の識別に使える音声データ（コーパス）は，インターネットからさまざ
まなものを入手可能である．ここでは，2.1.1項でも扱った Common Voice の
データ[4]を用いることにする．

　本書のこれまでの母音の分析では，母音の中心部分のフレームを指定したり
（3.3.1項），母音に相当する部分のインデクスを指定したり（3.4節）してい
たが，いずれも母音の開始時間と終了時間がすでにわかっていることが前提で
あった．Common Voice は母音の時間情報を提供していないので，分析者が付
与する必要がある．連続した音声データに音素の時間情報（タイムスタンプ）
を与えるタスクのことを音素セグメンテーションと呼ぶ[*1]．

　音声ファイルの音素セグメンテーションは以下の2ステップからなる．

（1）書き起こし（transcription）　耳で聞いたり，自動音声認識のツールを使っ
　　　たりして，音声ファイルの発話内容をテキストに書き起こす．認識した
　　　い音素の系列で表記する必要がある．

[*1]　正確な母音の時間情報が得られないとフォルマントの推定値も不正確になってしまう．しかし，
　　音素のタイムスタンプ（音素ラベル）が提供されているコーパスは多くない．日本語では，例え
　　ば日本語話し言葉コーパスには音素ラベルが付与されている．

(2) **強制アラインメント**（forced alignment） 書き起こされた音素系列デー
タと音声波形データから，各音素の開始時間と終了時間を推定する．強制
アラインメントを人手で行うのはかなり手間がかかり，難しいため，専用
のツールを使うことが多い．Julius や MFA（Montreal Forced Aligner）
などのツールがある[*2]．

ある程度正確なタイムスタンプが得られたら，続いて音声全体の各フレーム
についてフォルマントの値を推定して，各母音の時間区間に相当するフォルマ
ントの値を抽出する．これで分析の準備は完了である．

コラム 9

フォルマント解析のツール

6.4 節ではケプストラム法を使ったフォルマントの推定について学ん
だが，フレームの長さ（窓関数の点数）や FFT 長など，正確な値を得る
ために調整するべきパラメータはかなり多い．また，雑音の強さなどに
応じて，線形予測符号化などの手法もありうると述べた（コラム 8 参照）．
これらを比較しながらフォルマントの値を求めるのは大変な作業だが，
ツールを使えば簡単に行うことができる．例えば Praat を使えば，さ
まざまなフォルマント分析の手法やパラメータを動的に切り替えてスペク
トログラム上で確認したり，テキストデータで書き出したりすることが
できる．プログラムでの自動化にも対応している．Praat でのフォルマ
ント分析の方法は https://sites.google.com/site/utsakr/Home/praat
が詳しい．

以下では，Common Voice の短い音声（読み上げたテキストが 14 文
字以下の発話）中の母音区間の中心[*3]の F_1, F_2 をまとめたファイル

[*2] 市販の大規模汎用コーパスの音素セグメンテーションの現場でも，まずはツールを使った自動強
制アラインメントを行い，そこから人手で調整を行うことが一般的である．ノイズの少ない環境
で収録された成人の音声であれば，ツールのみでもかなり正確な結果が得られる．一方，雑音下
や，子供や高齢者の音声などでは，人手による修正が重要になってくる．

[*3] 母音の開始・終了時間からみた時間的中心．例えば，母音の長さが 200 ms（0.2 s）の場合，
100 ms のところ．

FormantCVTrainShort.csv を使用して説明する．このファイルでは，推
定したフォルマント周波数を文献[27]のアルゴリズムを用いて修正した．こ
のファイルは次の内容を含む．元のファイル名（例えば，22219505 の場合，
common_voice_ja_22219505.mp3），話者 ID，性別，音素の開始時刻，終了
時刻，第 6 列は母音名，第 7, 8 列は F_1, F_2 周波数である．/a/, /i/, /u/, /e/, /o/
が均等な出現回数になるようにランダムに抽出した．

　このファイルの /a/ のデータを F_1/F_2 平面にプロットするには次のように
すればよい．

```
dfFormant = pd.read_csv('FormantCVTrainShort.csv')
dfFormant.query('Vowel=="a"').plot.scatter(x='F1',y='F2', alpha=0.1)
    ⇦ ①
plt.plot(*(dfFormant.query('Vowel=="a"')[['F1','F2']].mean().
        to_numpy()),'ok',markersize=10) ⇦ ②
```

結果は図 7.4 のようになる．query は条件に応じてデータを抽出するメソッド
である（①）．平均のところに黒い●印をプロットした（②）．②の plot の第
1 引数の位置に $*$ が使われている．これは，複数のデータを分解することを意
味する．例えば，この例では，mean メソッドで F_1, F_2 に対応した配列デー
タが返されるので，それを分解して plot の第 1 引数（x 座標）に F_1 の平均，
第 2 引数（y 座標）に F_2 の平均を指定している．

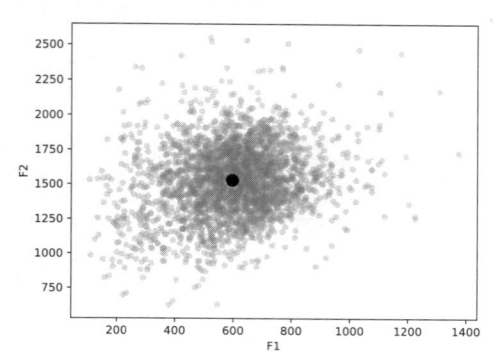

図 7.4 /a/ の F_1/F_2 平面のプロット．

　この図のようにデータが多数あるときは，scatter の引数 alpha を適当に
設定してプロットの点が重なった点を透過するようにするとどこが重なってい
るか確認できるようになる（①）．

FormantCVTrainShort.csv のデータは，母音の区間も F_1, F_2 も推定したものなので，誤りが含まれる．したがって，外れ値が含まれている．とりあえず，外れ値を除外してプロットしてみる．あらかじめ stats.zscore 関数で計算した（①）Z スコアを用いて，F_1/F_2 どちらかの値が標準偏差の 3 倍をこえて平均値から離れている要素を外れ値として除外した．

```
for v in dfFormant['Vowel'].unique():
    i = dfFormant.query(f'Vowel=="{v}"').index
    dfFormant.loc[i,'zF1'] = np.abs(stats.zscore(
        dfFormant.loc[i,'F1']))  ⤶①
    dfFormant.loc[i,'zF2'] = np.abs(stats.zscore(
        dfFormant.loc[i,'F2']))  ⤶②
dfA = dfFormant.query('zF1 < 3 & zF2 < 3 & Vowel=="a"')
dfA.plot.scatter(x='F1',y='F2',alpha=0.25)
plt.plot(*(dfA[['F1','F2']].mean().to_numpy()),'ok',
         markersize=10)
```

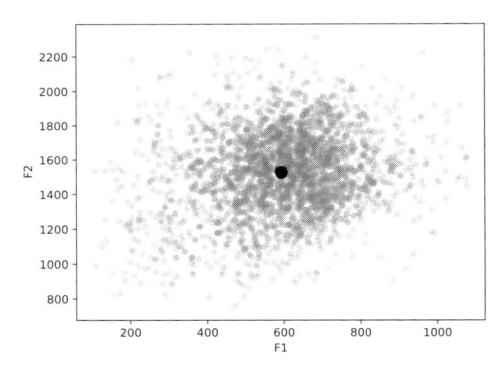

図 7.5 外れ値を除外した /a/ の F_1/F_2 平面のプロット.

7.2.2 正規分布による表現

前節に続いて，取り込んだデータの/a/ の F_1 の分布をみてみる（図 7.6）.

```
plt.hist(dfA['F1'],density=True)
plt.tick_params(labelleft=False)
x = np.arange(dfA['F1'].min(),dfA['F1'].max())
plt.plot(x,stats.norm.pdf(x=x,loc=dfA['F1'].mean(),
                          scale=dfA['F1'].std()))
```

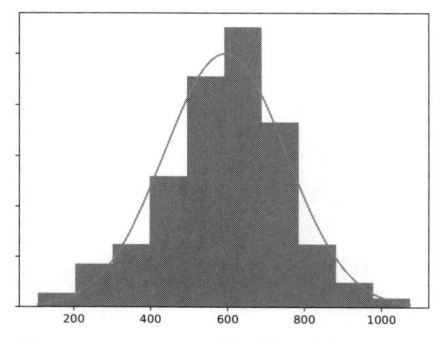

図 7.6　/a/ の F_1 の正規分布の確率密度関数.

ある程度，正規分布（ガウス分布）に従っている.

Z スコアを用いて外れ値を除外した/i/ の F_1 の分布を重ねると図 7.7 のようになる（章末問題 5）.

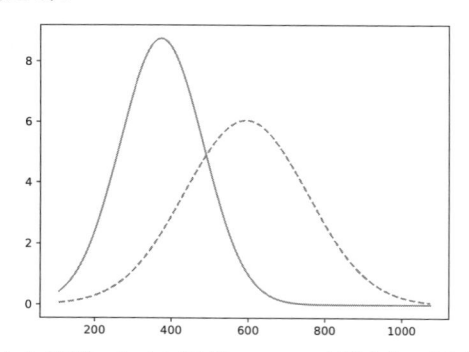

図 7.7　/a/（破線）と /i/（実線）の F_1 の正規分布の確率密度関数.

この 2 つの分布を用いて /a/ と /i/ のモデルを作成し，入力された音声が/a/か /i/ かを識別するには，次のようにデータがどのモデルから生成されたか，というもっともらしさを示す尤度を比較すればよい（入力された音声の F_1 が 300 Hz だとする）.

```
unknownF1 = 300
likeA = stats.norm.pdf(x=unknownF1,loc=dfA['F1'].mean(),
                       scale=dfA['F1'].std())
likeA
```

```
0.0004602195498106928
```

```
likeI = stats.norm.pdf(x=unknownF1,loc=dfI['F1'].mean(),scale=dfI['F1
    '].std())
likeI
```

```
0.0029223096860867045
```

/i/ の分布の尤度の方が大きいので，この音声は /i/ のモデルから生成された
と考える方がもっともらしい．その結果，この音声は /i/ であると推測できる．

　ここで考えているフォルマント空間は 2 次元なので，2 次元正規分布を考え
るべきである．2 次元正規分布は次のように推定できる（図 7.8）．

```
condRange = 'zF1 < 3 & zF2 < 3'
dfA = dfFormant.query(condRange + '& Vowel=="a"')
dfI = dfFormant.query(condRange + '& Vowel=="i"')
xF1 = np.arange(dfFormant.query(condRange)['F1'].min(),
                dfFormant.query(condRange)['F1'].max())
xF2 = np.arange(dfFormant.query(condRange)['F2'].min(),
                dfFormant.query(condRange)['F2'].max())
x, y = np.meshgrid(xF1, xF2)
pos = np.dstack((x,y))
dfA.plot.scatter(x='F1',y='F2',alpha=0.1)
muA = dfA[['F1','F2']].mean()
sigmaA = dfA[['F1','F2']].cov().to_numpy()
plt.contour(xF1, xF2,
            stats.multivariate_normal.pdf(pos, muA, sigmaA),
            [stats.multivariate_normal.
             pdf([muA.iloc[0]+np.sqrt(sigmaA[0,0]),
                  muA.iloc[1]], muA, sigmaA)])   ⬅①
plt.xlim(dfA['F1'].min(), dfA['F1'].max())
plt.ylim(dfA['F2'].min(), dfA['F2'].max())
```

　①で multivariate_normal を用いて 2 次元ガウス分布の確率密度を 1 Hz
間隔の格子点で求めている．その格子点の確率密度が Z スコアが 1 となるよ
うな点をつなぐ等高線を contour でプロットしている．

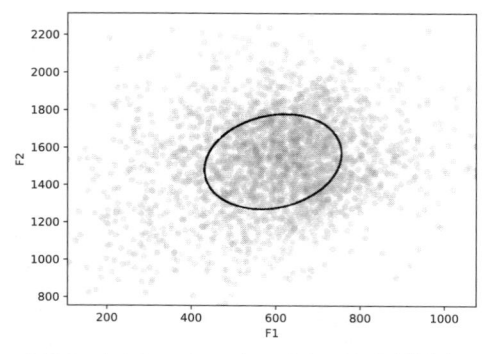

図 7.8 /a/ の F_1/F_2 プロットと 2 次元正規分布.

　/a/ と /i/ の 2 次元正規分布を重ねてプロットすると（図 7.9）のようにな
る（章末問題 6）．ある程度区別できそうなことがわかる（この図は見やすさの
ため，データを 1/30 に間引いてプロットしている．実際には，図 7.8 のよう
にデータが密集する）．

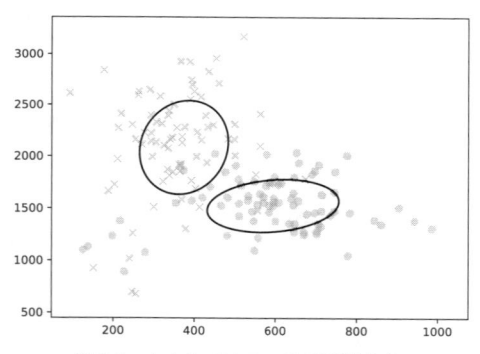

図 7.9 /a/ と /i/ の 2 次元正規分布.

7.2.3　混合正規分布による表現

　単独の正規分布で上手くあてはまらない場合は GMM（混合正規分布，混合
ガウス分布モデル）を用いると上手くいくことがある．7.1.2 でみたように，
フォルマントの分布は多様なので，1 つの正規分布を仮定するよりも，混合分
布を仮定したほうが当てはまりがよくなる可能性は高い．確かめてみよう．

```
dfIall = dfFormant.query('Vowel=="i"')[['F1','F2']]
gmm1 = GaussianMixture(n_components=1,
```

```
                              covariance_type='diag').fit(dfIall)
gmm2 = GaussianMixture(n_components=2,
                              covariance_type='diag').fit(dfIall)
cord = np.reshape(pos, (pos.shape[0]*pos.shape[1],2))
_, axes = plt.subplots(1,2)
xRange=(dfI['F1'].min(), dfI['F1'].max())
yRange=(dfI['F2'].min(), dfI['F2'].max())
dfIall.plot.scatter(x='F1',y='F2', alpha=0.1, ax=axes[0])
plt.subplot(1,2,1)
plt.contour(xF1, xF2, np.reshape(gmm1.score_samples(cord),
                                   (pos.shape[0],pos.shape[1])))
dfIall.plot.scatter(x='F1',y='F2', alpha=0.1, ax=axes[1])
axes[1].set_ylabel(''); axes[1].set_yticks([])
plt.xlim(xRange); plt.ylim(yRange)
plt.subplot(1,2,2)
plt.contour(xF1, xF2, np.reshape(gmm2.score_samples(cord),
                                   (pos.shape[0],pos.shape[1])))
plt.xlim(xRange); plt.ylim(yRange)
```

ここでは, scikit-learn パッケージの mixture パッケージの GaussianMixture 関数を用いて分布を推定した. score_samples 関数で対数尤度を求められる. プロットを比較すると, 2 次元正規分布より複雑な形状の分布が推定できていることがわかる.

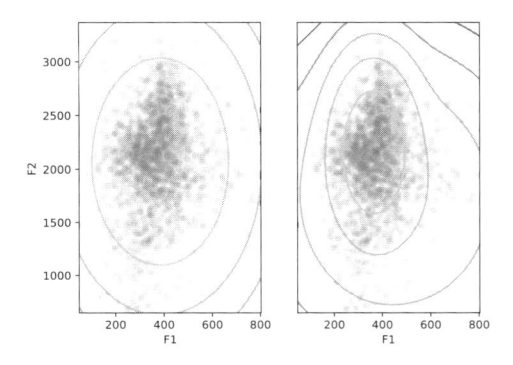

図 7.10 /i/ の第 1, 2 フォルマント周波数の 2 次元正規分布 (左) と混合数 2 の GMM であてはめた分布 (右).

⠿⠿⠿⠿ **章 末 問 題**

1）なぜ世界の言語に /i/，/u/，/a/ の母音が多いのか，音声言語の発声やコミュ
ニケーションにおいてどのようなメリットがあるのか？
　　いくつかの発声方法で /i/，/u/，/a/ をそれぞれ発声したものを録音し，その
データを分析して考察せよ．

2）5 つの母音をいい加減な発声と，明瞭な発声で録音してみよ．録音時には，口
の形がどう変わるかを（文章で）記録すること．
　　それぞれ，F_1/F_2 平面でフォルマントの位置がどう変わるかを推測してから，
5 つの母音を頂点とする五角形を F_1/F_2 平面にプロットせよ．明瞭に話したとき
の母音のフォルマントの変化は，聞き手にとってどのような利点があるだろうか．

3）同じ声道の形状で，大きな声と小さな声で 5 母音を発声して録音してみよ．5
つの母音を頂点とする五角形を F_1/F_2 平面にプロットして考察せよ（ヒント：五
角形をプロットするのには，polyshape が便利である）．

4）FormantCVTrainShort.csv の全データを母音ごと（5 母音が含まれる）に
同じ色で，散布図にプロットせよ．例を図 7.11 に示す（ただし，データは見や
すさのため，1/30 にランダムに間引いてプロットしている）．

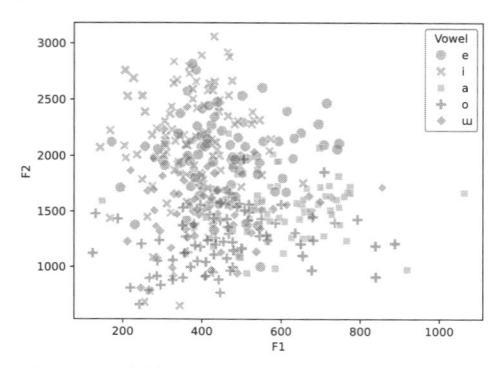

図 7.11　日本語の 5 母音 の F_1/F_2 平面のプロット.

5）図 7.7 を作成せよ.

6）図 7.9 を作成せよ.

7）FormantCVTrainShort.csv のデータを用いて，5 母音それぞれの F_1 F_2 の分布を比較し，考察せよ.

分布の平均値を頂点とした五角形をプロットした例を図 7.12 に示す（ただし，データは見やすさのため，1/30 にランダムに間引いてプロットしている）.

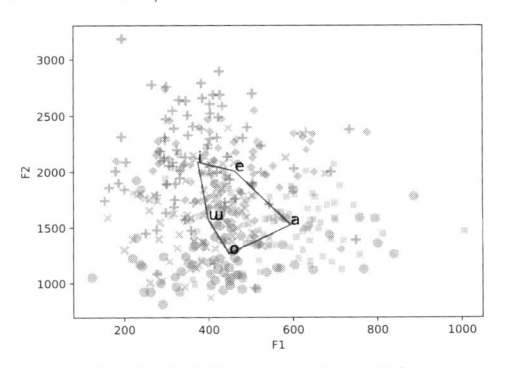

図 7.12 日本語のフォルマントの分布.

8）FormantCVTrainShort.csv のデータを用いて，母音の性別による違いについて考察せよ.

9）FormantCVTrainShort.csv のデータで 5 母音のモデルを作成し，そのモデルを用いて，自分で収録した日本語の母音を認識するプログラムを作成せよ（FormantCVTrainShort.csv のデータは，それぞれの母音区間の時間的中心のフレームの値であることに留意せよ）.

10）FormantCVTrainLong.csv のデータは長文を読み上げたデータの母音データである．短い文を読み上げた FormantCVTrainShort.csv との違いを比較し，考察せよ.

8 子音と音節の認識

　母音と子音の組み合わせの最小単位のことを音節（シラブル）と呼ぶ．母音は単独でも産出できるが，多くの子音は母音に付随して産出される．そのため1個の（または連続した）母音を中心に，その母音に付随する0個または複数個の子音のセットが音節の基本構成単位になる．

　音節を認識する問題は，母音を認識する問題よりも難しい．なぜなら，音響的特徴が比較的長時間安定している母音と比較して，子音はより急激な短時間での声道内の変化・変形によって発声される音である（2.1.2項で母音と子音のスペクトログラムを観察した）．そのため，異なる音節を正しく聞き分けるためには，長い母音部分と短い子音部分という，異なる時間スケールの，さらに時間変化のパターンが示す特徴が必要になる．

　本章でははじめにスペクトログラム上での異なる子音の特徴と，子音と母音の組み合わせのパターンである調音結合について学ぶ．また，6章で学んだMFCCとニューラルネットワークを使って，単純な音節の識別を試す．最後に複雑な音節の時間変化を表現するための動的特徴量について学ぶ．

プログラム 8.1　この章で利用するパッケージ

```
import numpy as np
import pandas as pd
import matplotlib.pyplot as plt
import scipy
from scipy import signal
import librosa
from sklearn.mixture import GaussianMixture
```

コラム 10

音節とモーラ

　日本語話者には，音節よりモーラ（拍）の方が親しみやすい単位かもしれない．モーラは日本語母語話者が自然に感じる日本語のリズムの最小単位で，日本語では，1 モーラはかな文字 1 文字に対応する（ただしキャ，キュ，キョなどの拗音は 2 文字で 1 モーラ）．例えば俳句の 5・7・5 はそれぞれモーラの数に対応する．

　本書の範囲内ではモーラを扱わないが，音声学を学ぶ上では重要になるので，音節とモーラの違いを簡単にまとめておく．

　モーラは音節の下位単位で，母音を核にして前の子音（オンセット）＋母音と，母音＋後の子音（コーダ）に分割し，それぞれを 1 つの単位として数える．例えば英単語の strength は 1 音節 2 モーラである．日本語では基本的に母音の前に 0 個または 1 個の子音がつくので，モーラ数と音節数は同じになるが，例外は /N/ および /Q/ を含む音節で，「缶」（/kaN/）は 1 音節 2 モーラ，「勝った」（/kaQta/）は 2 音節 3 モーラである．また，/H/ は独立した 1 モーラに数える（「ビール」（/biHru/）は 2 音節 3 モーラ）．

　このような例外があるので，日本語の /N/，/Q/，/H/ を特殊拍と呼ぶ．

ılılıı.. 8.1 子音の調音方法と弁別素性

　お互いが異なる音であることを聞き分ける（弁別する）ために最低限必要な音響的情報のことを弁別素性（弁別的素性）と呼ぶ．例えば母音ではスペクトル包絡の形から求められるフォルマントが弁別素性である．

　子音も声道の変形によって産出される音であるから，母音と同様にスペクトル包絡によってその特徴が表現されている．図 8.1 は「か」の /k/ と「が」の /g/ のスペクトルをプロットしたものである．どちらの子音も発声時の口の形は似ているため，ある程度スペクトルの概形は共通する．

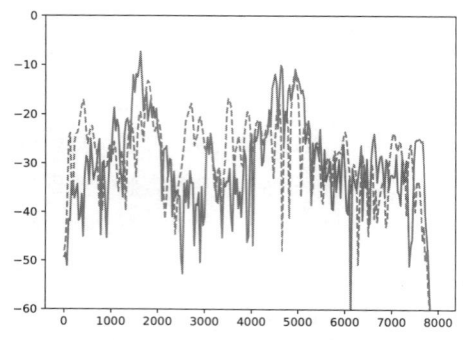

図 8.1 /k/（実線）と /g/（破線）のスペクトル.

　しかし一般に子音の特徴は母音よりも短時間で急激に変化し，またフォルマントのような明確な構造を持たないため，母音に比べるとその特徴を掴むのが難しいといえる.

　ここでもう一度，2.3.2 項を見直してみよう．子音の弁別素性は調音位置，調音方法，そして有声性によって決まることはすでに学んだ（図 2.13）．日本語では 16 種類の子音があることも学んだ（表 2.1）．無声・有声子音に関しては，スペクトログラム上ではボイスバーの有無で弁別できることも学んだ.

　調音位置（口のどこでその音を生成するか）の違いはスペクトログラム上では周波数成分に違いがあらわれるのであった．調音位置が口のどの部位をあらわしているかは，図 2.9 を確認すること.

　本節では子音の弁別素性を決定する最後の要素である，子音ごとの調音方法の違いについて学ぶ．表 2.1 の縦軸は日本語の子音の調音方法（どのような方法でその音を生成するか）をあらわしている．母音では調音方法の違いはフォルマントの値の違いとしてあらわれていたが，子音のスペクトログラムはより複雑な形を示す.

　以下で順番にみていこう.

8.1.1　破裂音（plosive）

　声道のどこかの部分を一瞬完全に閉じた後，一気に声道を開放して爆発的な（破裂したような）空気の流れを作ることで発声される子音が破裂音である．声道を閉じることから閉鎖音（stop）とも呼ばれる.

　日本語ではさまざまな調音位置で破裂音が作られる．パ行とバ行の子音

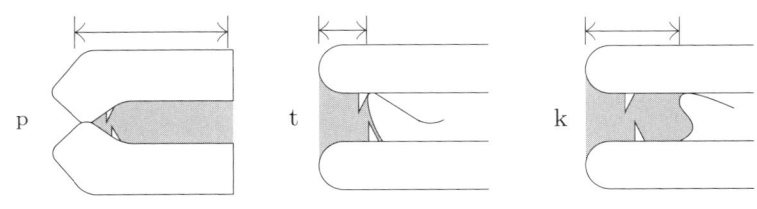

図 8.2　破裂音の調音位置と共鳴空間.

（/p/, /b/）は上下の唇で産出する両唇破裂音（bilabial plosive），「チ」（/cji/），「ツ」（/cu/）以外のタ行とダ行の子音（/t/, /d/）は歯で産出する歯破裂音（dental plosive），カ行とガ行の子音（/k/, /g/）は口の上部の柔らかい部分で産出する軟口蓋破裂音（velar plosive）に分類される.

　破裂音では，しばらく無音の時間（この間声道が閉鎖されているため，閉鎖区間と呼ぶ）が続いた後で，瞬間的な破裂（バーストと呼ぶ）が起こる.　無声破裂音（/p/, /t/, /k/）では閉鎖中は完全な無音である.　有声破裂音（/b/, /d/, /g/）では閉鎖中も声帯が振動しているため，ボイスバーが観察される.　呼吸なしで声帯を振動させ続けることはできないので，有声破裂音の閉鎖区間は無声破裂音よりも短くなる.

　また，調音位置の違いによってバーストのスペクトログラムの形が異なることも，すでに 2.3.2 項で学んだ（図 2.16 を思い出そう）.　/p/は低い周波数成分が，/k/は中くらい，/t/は高めの周波数成分がそれぞれ強くあらわれていた.　これは声道を閉鎖する位置が異なるために，声道の形状が変わることによる（図 8.2）.　バーストの共鳴空間が狭いほど，高い周波数成分が強くなる.

8.1.2　摩擦音（fricative）

　口をかなり狭めることで，空気が狭い空間を通り抜けることによるシューッという雑音が発生する.　これが摩擦音である.　日本語ではサ行の子音（/s/）とザ行の子音（/z/）が摩擦音に該当する.　これらはいずれも歯茎で産出する摩擦音（alveolar fricative）である.　正確には「シ」，「ジ」のみ調音位置が異なり，歯茎硬口蓋摩擦音（alveolar-palatal fricative）に分類される.

　摩擦音のスペクトログラムでは，4000 Hz 以上の高い周波数成分において，強く長い雑音成分がはっきりと観察される（図 2.15 を思い出そう）.

　また，日本語ではハ行の子音（/h/）も摩擦音だとされるが，これは口の狭

めをともなわない例外的な摩擦音で，声門摩擦音（glottal fricative）と呼ばれる．ハ行の子音は声帯からの息漏れ音で，正確には摩擦音ではないとされる．

8.1.3　破擦音（affricate）

破擦音は破裂音と摩擦音両方の特徴を持っていて，閉鎖区間があり，破裂の直後に摩擦音と同様の雑音（摩擦音よりは短め）をともなう子音である．日本語では「チ」（/cji/），「ツ」（/cu/）が該当し，前者は無声の歯茎硬口蓋破擦音（alveolo-palatal affricate）あるいは後部歯茎破擦音（post-alveolar affricate），後者は無声の歯茎破擦音（alveolar affricate）に分類される．また，子音（/z/）（および「ジ」）は，単語の冒頭で発話される場合などに，有声の歯茎硬口蓋破擦音として発音されることが多い．

8.1.4　鼻音（nasal）

空気は鼻の穴を通して外に出るのが特徴の子音である．鼻音は空気が鼻に抜けることから声門から鼻腔にかけての声道が形成され，鼻音独特のフォルマントが観察される．口腔のいずれかの部分が完全に閉鎖され，鼻のみで発声するものを鼻子音と呼ぶ．口腔が閉じきらず，より母音に近い性質を持つものを鼻母音と呼ぶ．鼻音はすべて有声で，閉鎖の位置で分類される．日本語ではマ行の子音（/m/）は両唇鼻音（bilabial nasal），ナ行の子音（/n/）は歯鼻音（dental nasal），「ン」（/N/）が口蓋垂鼻音（uvular nasal，IPA 記号は [ɴ]）に該当する（単独発話の場合）[*1]．

図 8.3 は鼻音のスペクトルである．閉じた口腔内で音のエネルギーが吸収されてしまうため（アンチフォルマント），鼻音は母音と比べて中〜高周波数領域（500 Hz から 2500 Hz のあたり）が弱いことが特徴である．それでもフォルマントの形状の違いでこれらの鼻音を弁別することができる．

[*1]　後続の音素との組み合わせによってさまざまな異音がある（コラム 4 も参照）．例えば，カ行・ガ行の前の「ン」は軟口蓋鼻音（velar nasal，IPA 記号は [ŋ]）で発音される場合もある．

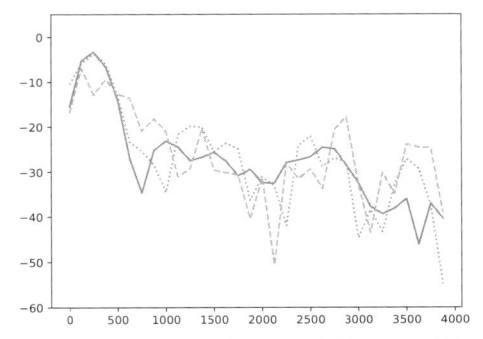

図 8.3 鼻音のスペクトログラム（実線：/m/，点線：/n/，破線：/N/（[ŋ]））.

8.1.5 はじき音（Flap）

　舌の先で歯茎を叩いて出す子音がはじき音である．日本語ではラ行の子音（/r/）が該当し，後部歯茎はじき音（post-alveolar flap）に分類される．はじき音のスペクトログラムは鼻音に似ているが，立ち上がりで舌先で軟口蓋をはじく際に，破裂音のバーストに似た音があらわれる．

8.1.6 接近音（approximant）

　上下の調音器官（舌と口蓋）を狭めて（接近させて）発声する子音である．声道を遮断しないので母音に発声方法が似ており，半母音（semivowel）とも呼ばれる．日本語ではヤ行の子音（/y/）が軟口蓋を狭める接近音（velar approximant），「ン」以外のワ行の子音（/w/）が硬口蓋を狭める接近音（palatal approximant）に分類される．接近音はすべて有声である．

　接近音では比較的明瞭なフォルマントがあらわれ，後続する母音のフォルマントに滑らかに変化していく．そのためどこからどこまでが子音か，母音かを判断するのは難しい．

ⅰⅼⅼⅼⅼ. 8.2 調音結合とフォルマント遷移

　音素の音響的な特徴は，その前後の音素に影響を受けて変化する．例えば図 8.4 は自然な速さで「イエアオウ」と連続的に母音を発声したときのスペクトログラムである [*2)]．フレームごとにプログラム 6.2 を用いて推定したフォル

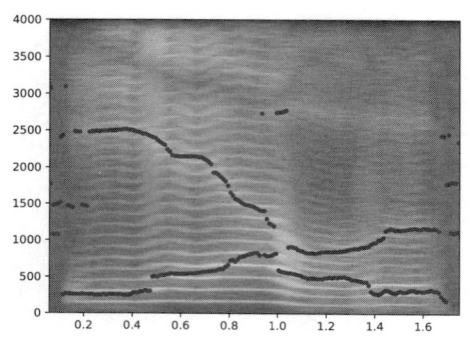

図 8.4 「イエアオウ」のスペクトログラム.

マントを点でプロットした.

　実際の連続音声では母音の定常部はほとんどなく，前の母音のフォルマント
から次の母音のフォルマントに連続的に変化していくことがわかる．このよう
な，境界付近で音響特徴が変化する部分を母音のわたり部または遷移部と呼ぶ．
また，このように連続して音素を発声したときに，音の境界が連続的に変化し
ていくことを調音結合と呼ぶ．

　母音の前後に特定の子音があるときも，わたり部のフォルマントに特徴的な
パターンがあらわれる．例えば破裂子音の直後は，声道が閉じた状態から急い
で口を開いて母音を発声するためフォルマントの急激な変化が起こる．図 2.16
を読み返してみよう．子音の直後のフォルマントが大きく動いていることがわ
かる．後続する母音のわたり部を聞くだけで何の子音なのかがかなり正確に知
覚できることがわかっている．

　また，はじき音 /r/（8.1.5 項）や接近音 /y/, /w/（8.1.6 項）は，後続す
る母音に向けて緩やかに音響的特徴が変化していく．

　母音は後続する子音によっても影響を受ける．母音 /i/, /u/ が無声の子音に
囲まれたときや文末にきたとき，声帯の振動がなくなって無声化することがあ
る．例えば /akita/ という単語では，/i/ が /k/ と /t/ に囲まれている．
図 8.5 では，/i/ が無声化している様子を観察できる（0.3 s 付近）．また「～で
す．」の「す」の母音は頻繁に無声化する．

---

*2)　音声学では「アイウエオ」より「イエアオウ」をよく使う．F_1/F_2 平面上で，母音はこの順番
　　で隣り合っているため，少ない口の動きで滑らかに発話することができる．

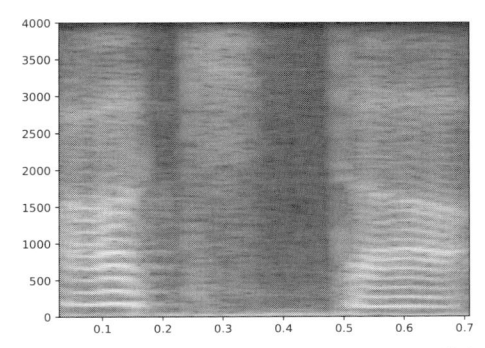

図 8.5 「秋田」のスペクトログラム，横軸は時間（秒）．

ılllııı. 8.3 MFCC による音韻の認識

　ここまででみてきたように，子音の周波数特性は多様であり，さらに子音は母音と比べて時間的に急激に変化する上，その時間変化の長さによっても知覚される子音が変わってくる．母音の発声による数百ミリ秒単位の大局的な音の変化の上に，子音の発声による 10〜100 ms 単位の音の変化を重ね合わせることで多様な母音と子音の組み合わせを作り出しているのである．

　音節レベルで正確な音声認識を実現するためには，フォルマント周波数だけでは情報不足であることはあきらかであり，これらの子音の違いを十分網羅して表現可能な特徴量（音響特徴量，パラメータ）を検討する必要がある．子音の周波数特性を表現可能な特徴量として現在よく使われるのは MFCC（6.5 節），あるいはメルスペクトル（5.5 節）である．

　ここでは MFCC を使うことにしよう．MFCC を用いて，図 8.1 のスペクトル包絡を求めると図 8.6 のようになる．同じ軟蓋破裂音である /k/ と /g/ の音響的な違いを十分に表現できていることがわかる．

　母音に関しても，MFCC の表現力は高い．次に実際の音声データから 5 母音を MFCC の GMM でモデル化する例を示す．

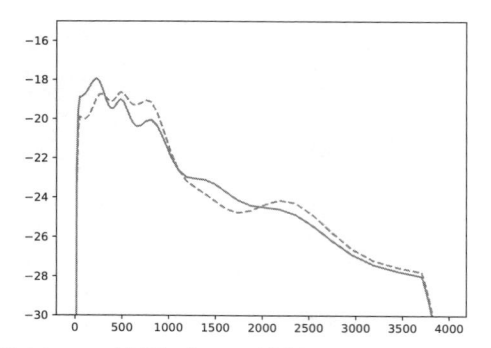

図 8.6 /k/（実線）と /g/（破線）のスペクトル包絡.

プログラム 8.2　Common Voice コーパスを用いた母音のモデル化.

```
vowels = ['a','i','ɯ','e','o']
CLIP_FOLDER = './train/mp3/'
dfSegment = pd.read_csv('FormantCVTrainShort.csv')
files = dfSegment['Filename'].unique()
fs = 16000
nFFT = int(2 ** np.ceil(np.log2(0.02*fs)))   ⇦①
nShift = int(np.round(0.01*fs))   ⇦②
GMM = {}; nSegment = 0; nMFCC = 13
for v in vowels:
    mfcc = np.empty((nMFCC,0))
    for f in files:
        mp3File = CLIP_FOLDER + f + '.mp3'
        segment = dfSegment.query('Filename==@f & Vowel==@v')
        nSegment += segment.shape[0]
        for b, e in zip(segment['Begin'], segment['End']):
            x, _ = librosa.load(mp3File, offset=b, duration=e-b, sr=fs)
                ⇦③
            x = signal.lfilter([1, -0.97], 1, x)
            if len(x) < nFFT:
                x = np.concatenate([x, np.zeros((nFFT-len(x),))])
            m = librosa.feature.mfcc(y=x, hop_length=nShift, sr=fs,
                                     n_fft=nFFT, n_mels=40,
                                     window=np.hanning(nFFT),
                                     n_mfcc=nMFCC, center=False)   ⇦④
            m[0] = 0
            mfcc = np.hstack((mfcc,m))
    GMM[v] = GaussianMixture(n_components=5,
                             covariance_type='diag').fit(mfcc.T)   ⇦⑤
```

ここでは FormantCVTrainShort.csv のセグメント情報を用いて Common Voice の母音のモデルを作成する．このファイルには母音の開始時刻と終了時

刻が含まれている．この情報を使って，`librosa.load` で対象の MP3 ファイル mp3File から，そのセグメントの部分だけ読み込んでいる（③）．セグメントの情報は，`offset` に開始時刻 `duration` に音韻の継続時間長（終了時刻から開始時刻を引いた値）を指定する．

　ここでは，MFCC を作成する際の FFT の分析条件は，フレーム長が 20 ms をこえる 2 のベキ乗の点数とし（①），フレームシフトは，10 ms 程度である（②）．

　このプログラムでは，セグメント情報に従って，対象ファイルの母音のセグメントを MFCC に変換している（④）．`mfcc` という関数は，音声波形データを第 1 引数に取って，MFCC（ここでは 13 次）を返す関数である．引数の長さに対応した MFCC が，やはり列ベクトルとして返される．

　この MFCC から 13 次元の多次元 GMM を混合数 5 で分散共分散行列については，対角成分だけを推定し（⑤），推定したモデル情報を辞書型の変数 GMM に格納している．

　このようにして作成したモデルを用いて，入力音声のフレームごとにもっとも尤度が高いモデルの情報を調べるには次のようにすればよい．

プログラム 8.3　5 母音 GMM を用いた母音認識.

```
yAiueo, fs = librosa.load('aiueo16k.wav', sr=16000)
yAiueo = signal.lfilter([1, -0.97], 1, yAiueo)
m = librosa.feature.mfcc(y=yAiueo, hop_length=nShift, sr=fs, n_fft=nFFT,
                         window=np.hanning(nFFT), n_mels=40,
                         n_mfcc=nMFCC, center=False)
like = np.zeros((m.shape[1],5))
for vidx, v in enumerate(GMM.keys()):
    like[:,vidx] = GMM[v].score_samples(m.T)
fig, ax1 = plt.subplots()
_,f,t,_=plt.specgram(yAiueo,Fs=fs,NFFT=nFFT,
                     window=np.hanning(nFFT),noverlap=nFFT-nShift)
ax2 = ax1.twinx()
ax2.plot(t,(np.argmax(like,axis=1)+1),'ro',markersize=3)
ax2.set_yticks(np.arange(1,6),labels=vowels)
```

音声ファイルを変更すると，その音声ファイルに対応したフレームごとの認識結果を得られる．このファイルの場合，おおむね正解するが，調音結合部分は，/a/ と /i/ の調音結合部分で認識結果が /e/ に誤る例などがみられる．

ılllllıı. **8.4　動的特徴量**

　これまで，音声の持つさまざまな情報を多角的に取り上げてきた．しかしこれまでは，おおむね，同じような性質を持つごく短時間の情報のみを扱ってきたことに注意しよう．音声情報には，20 ms（音素）〜1 s（単語）以上の，さまざまな時間スケールにおいて時間情報の変化が意味の理解にとって欠かせないことを，6.1 節ですでに学んだ．また同じ音素であっても，前後の音素によって変形を受けることを 8.2 節で学んだ．

　音声は時間とともに変化するだけでなく，その変化の仕方自体が重要な意味を持っている．人は音声のある瞬間の音響的特徴だけでなく，その特徴がどのように変化するかの情報（音声の動的特徴）も積極的に利用して音声を理解しているのである．

　時間変化を扱う数学的枠組は微分である．離散データに対しては，差分による微分の近似がよく用いられる[28]．ここでは，MFCC を時間方向に線形回帰して，その傾きでフレームでの MFCC の微分を近似する手法を取り上げる．

```
yMitaka, sr = librosa.load('mitaka48k.wav', sr=16000)
yMitaka = signal.lfilter([1, -0.97], 1, yMitaka)
nFFT = 512; nShift = 160
SMitaka, f, t, _ = plt.specgram(yMitaka,Fs=sr,NFFT=nFFT,
                                window=np.hanning(nFFT),
                                noverlap=nFFT-nShift)
mfcc = librosa.feature.mfcc(y=yMitaka, hop_length=nShift, sr=sr,
                            n_fft=nFFT, window=np.hanning(nFFT),
                            n_mels=40, n_mfcc=13, center=False)
mfcc = np.hstack((mfcc[:,0:1], mfcc[:,0:1], mfcc,
                 mfcc[:,-1:], mfcc[:,-1:]))  ⟵①
x = np.hstack((np.ones((5,1)), np.array([np.arange(5)+1]).T))
dMfcc = np.empty((13,0))
for iColumn in np.arange(2, mfcc.shape[1]-2):
    y = mfcc[:, iColumn-2:iColumn+3]
    b = np.linalg.pinv(x)@(y.T)  ⟵②
    dMfcc = np.hstack((dMfcc, b[1:,:].T))
plt.plot(t,np.linalg.norm(dMfcc, axis=0)*100,'r')
```

このプログラムでは，現在のフレームに対し，前後 2 フレームずつを考慮し，5

フレームにわたる傾きを推定する．最初のフレームから計算できるよう，前後に2フレームずつ追加する（最初と最後のフレームを2回ずつコピーする①）．

傾きは次のように求める．

現在のフレームを

$$\boldsymbol{y_0} = [y_{01} \quad y_{02} \quad \ldots \quad y_{0n}]^T$$

とする．ただし，n は MFCC の次数である．前後のフレームは，$\boldsymbol{y_{-2}}, \boldsymbol{y_{-1}}, \boldsymbol{y_1}, \boldsymbol{y_2}$ となる．MFCC のそれぞれの係数に関して，例えば

$$y_{01} \approx \beta_{01}$$

$$y_{11} \approx \beta_{01} + \beta_{11} = y_{01} + \beta_{11}$$

となるような β_{01}, β_{11} を求めればよい．これを5フレーム分で線形回帰で求めるには次の式を解く．

$$\begin{bmatrix} y_{-21} & \ldots & y_{-2n} \\ y_{-11} & \ldots & y_{-1n} \\ y_{01} & \ldots & y_{0n} \\ y_{11} & \ldots & y_{1n} \\ y_{21} & \ldots & y_{2n} \end{bmatrix} = \begin{bmatrix} 1 & -2 \\ 1 & -1 \\ 1 & 0 \\ 1 & 1 \\ 1 & 2 \end{bmatrix} \begin{bmatrix} \beta_{01} & \ldots & \beta_{0n} \\ \beta_{11} & \ldots & \beta_{1n} \end{bmatrix}$$

ここで，

$$\boldsymbol{Y} = \begin{bmatrix} y_{-21} & \ldots & y_{-2n} \\ y_{-11} & \ldots & y_{-1n} \\ y_{01} & \ldots & y_{0n} \\ y_{11} & \ldots & y_{1n} \\ y_{21} & \ldots & y_{1n} \end{bmatrix}, \boldsymbol{X} = \begin{bmatrix} 1 & 1 \\ 1 & 2 \\ 1 & 3 \\ 1 & 4 \\ 1 & 5 \end{bmatrix}, \boldsymbol{B} = \begin{bmatrix} \beta_{01} & \ldots & \beta_{0n} \\ \beta_{11} & \ldots & \beta_{1n} \end{bmatrix}$$

とおくと，

$$\boldsymbol{Y} = \boldsymbol{X}\boldsymbol{B}$$

となる．$\boldsymbol{X}$ は正方行列ではないので，$\boldsymbol{X}$ の疑似逆行列を $\boldsymbol{X}^{-1}$ とすると両辺に $\boldsymbol{X}^{-1}$ をかけると

$$\boldsymbol{X}^{-1}\boldsymbol{Y} = \boldsymbol{B}$$

となり，$\boldsymbol{B}$ を求められる（②）．このように計算した回帰直線の傾き β_{1k} ($k = 1, 2, \ldots, n$) は，子音や子音と母音の遷移部で大きくなる．librosa には，feature.delta というデルタ特徴量を求める関数が用意されている．

図 8.7 では，「三鷹」と発声したときに子音の開始，終了時刻でデルタ MFCC のノルムが大きくなることがわかる．

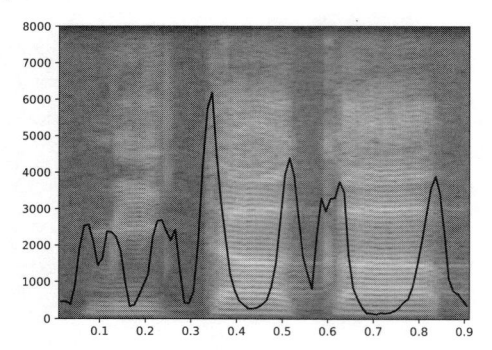

図 8.7 デルタ MFCC の子音と母音の境界でのふるまい．

母音の境界でもデルタ MFCC のノルムは大きくなる．

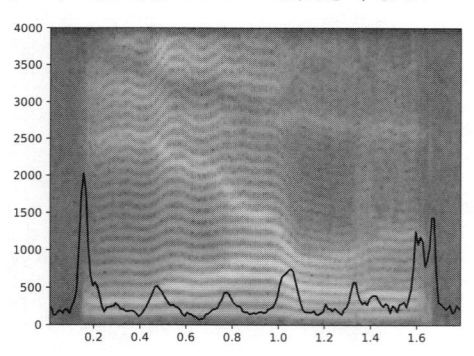

図 8.8 デルタ MFCC の母音の境界でのふるまい．

図 8.8 は「イエアオウ」と発声したデータのスペクトログラムである．母音の境界あたりでデルタ MFCC が少し大きくなっていることが観察できる．

◌◌◌◌◌。 章 末 問 題

1) 子音には，子音だけで発音できるものと子音だけでは発音が困難なものがある．
なるべくたくさんの子音を子音単独での発声に挑戦してみて子音だけで発声しや
すいものとしにくいものを分類せよ．また，なぜ，そのような結果になるのか，
考察せよ．

2) 以下の単語はいくつの音節があるか（つまり，いくつの母音があるか）答えよ．
   - 「肩」，「カッター」
   - 「叔母さん」，「お祖母さん」
   また，実際に発声し，そのスペクトログラムを観察して，相違点を考察せよ．

3) 6 種類の破裂音を実際に発声してスペクトログラムを表示し，ボイスバーの有
無と閉鎖区間の長さを比べてみよう．

4) 鼻音と母音を同じくらいの強さで発声してみて，それを録音し，スペクトル包絡
を観察しよう．エネルギーの強さはどのように違うだろうか．また，鼻音のフォ
ルマントはどこにあらわれるだろうか．

5) Praat で子音の時間区間をアノテーションしてみよう．完全に母音と子音の聞
こえを切り離すことができるだろうか？　どの子音なら切り離せるだろうか？

6) 音声データから spectrogram 関数を用いて推定したスペクトル（からなる
フレーム）を入力として，対応する第 1，第 2 フォルマントを列ベクトルとして，
元のフレームの通りに並べた 2 次元配列を返却する関数 formant_ceps を作
成せよ．

7) 音声データから spectrogram 関数を用いて推定したスペクトル（からなる
フレーム）を入力として，対応する MFCC を列ベクトルとして，元のフレーム
の通りに並べた 2 次元配列を返却する関数 mfcc を作成し，①を動かして適当
な音声を認識し，その結果を考察せよ．

8) formant_ceps を利用すると，①と同じ要領で，フォルマントを特徴量とす

る 5 母音のモデルを作成できる．このモデルで，Item 7 で使用した音声を認識
し，認識結果を Item 7 と比較して考察せよ．

9) アーカイブファイル `CVWord.tgz` は Common Voice の一桁数字と「はい」「い
いえ」という発話データの音声データと下記のような音素の情報が含まれる．例
えば，`train/mfa` というディレクトリの下の 2445 というディレクトリは話者
2445 を表す．そのディレクトリにある `common_voice_ja_22185990.csv`
には以下のような情報が含まれる．

```
Begin,    End,      Label,    Type,     Speaker
0.57,     0.76,     ろ,       words,    2445
0.76,     1.22,     く,       words,    2445
0.57,     0.67,     ɾ,        phones,   2445
0.67,     0.76,     o,        phones,   2445
0.76,     0.96,     k,        phones,   2445
0.96,     1.22,     ɯ,        phones,   2445
```

このファイルの 4 列目が `phones` となっているところが音素の情報である．
音素の 1 列目は開始時刻 (s)，2 列目は終了時刻，3 列目は音素記号である．し
たがって，このファイルに対応する `common_voice_ja_22815990.mp3` では
「ろく」という数字の発声を収録したもので，/ɾ/ は 0.57 s に開始し，0.67 s に
終了していることがわかる．

　この情報を使って `train` ディレクトリに出現する全音素のモデルを作成し，
`test` ディレクトリの適当な音声を認識して，その結果を考察せよ．

10) 普通の速度，遅い速度，早い速度の 3 つの速度で「イエオアウ」と発声し，ス
ペクトログラムを観察せよ．定常部とわたり部の長さがどう変わるか比較せよ．

11) 「ぱ」，「た」，「か」を実際に発声してみて，スペクトログラムを観察しよう．
わたり部の第 1，第 2 フォルマントを確認しよう．子音のところを聞かずに，わ
たり部のところだけ聞いて何の子音かわかるのはどれか試して考察せよ．

12) 鼻音（鼻子音）も閉鎖を持つため，後続の母音のフォルマントの変化が大きい．
調音位置（口の中のどの位置で声道を閉鎖するか）が似た閉鎖子音どうし，例え
ば /b/ と /m/ は似たフォルマント遷移を示す．表 2.1 を思い出しながら実際に
話してみてスペクトルの形を確認しよう．

13) デルタ MFCC 以外によく用いられる動的特徴量にデルタ対数パワーがある．
フレームのパワーは stft を用いると簡単に求められる．

```
yMitaka, sr = librosa.load('mitaka48k.wav', sr=16000)
nFFT = 512
nShift = 160
SMitaka = librosa.stft(yMitaka, n_fft=nFFT, hop_length=nShift,
                       window=np.hanning(nFFT), center=False)
t = np.arange(0, len(yMitaka), nShift)/sr
logPower = np.log(np.sum(np.abs(SMitaka)**2,0))
dLogPower = librosa.feature.delta(logPower,width=5)
tYMitaka = np.arange(len(yMitaka))/sr
```

この対数パワーに対し，回帰を用いてデルタ対数パワーを求めて下記のようなプロットを作成せよ．また，デルタ対数パワーはどのような特徴をあらわすのか，考察せよ．

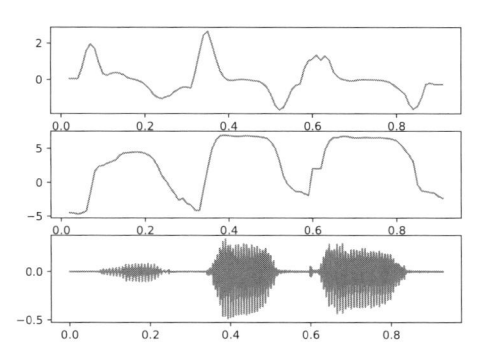

図 8.9 デルタ対数パワー（上段，中段は対数パワー，下段は音声波形）．

14) 自分で発声した短い文に対し，図 8.7 のようなプロットを作成せよ．

15) デルタ MFCC のノルム，もしくは 2 乗和に関するしきい値を用いると，子音や母音をある程度分類することができる．どのような音素がどのようなしきい値で識別できるか自分のいくつかの発話で考察せよ．

16) デルタ MFCC （のノルムや 2 乗和）を用いて子音と母音を識別せよ．

17) MFCC やデルタ MFCC の GMM を用いて音素を認識してみよ．

18) Common Voice の日本語コーパスをダウンロードすると test.tsv という

ファイルが見つかる．このファイルには，テスト用の音声に関する情報が含まれる．このテスト用の音声データについて，章末問題9と同様な形で記録したデータが `cvj_11_test_align.tgz` である．

この情報を使って `test.tsv` に出現する全音素のモデルを作成し，適当な音声を認識して，その結果を考察せよ．

9　韻 律 の 認 識

　ここまでの章では主に音素の情報，すなわち母音や子音，音節レベルの生成や認識について学んできた．音素は文字に書き起こすことのできる音声情報であるが，話し言葉の音声には文字化できない情報も多く含まれていることは，2.1 節ですでに紹介した．例えば話し手の声のリズムや話す速さ，イントネーション（抑揚）の使い方，間の取り方などは文字に起こすことができない．これらの音声情報を総称して，韻律（プロソディ）と呼ぶ．

　韻律において特に重要な情報は，基本周波数の時間的な変化である [*1]．本章では，まず日本語の音声において，基本周波数のどのような特徴が音声の何を表現しているのかを説明する．続いて実際に基本周波数検出の実習を行う．音楽（歌唱音声）の音高についても説明する．

プログラム 9.1　この章で利用するパッケージ

```
import numpy as np
import librosa
import matplotlib.pyplot as plt
from scipy import signal
```

‖‖‖ı. 9.1　日本語のイントネーションとアクセント

　図 9.1 は「三角の屋根の真ん中におきます」と一息で発話したときの音声波形（最上段）と，各時間における基本周波数（2 段目）を示している．基本周波数を時系列であらわすと，滑らかな曲線を描くことがわかる．この曲線のこ

---

*1)　声の高さの物理量である基本周波数（2.2.1 項），声の高さの感覚量であるピッチ（5.3.2 項），音声情報の時間スケール（6.1 節）についておさらいしておくと，理解が深まるだろう．

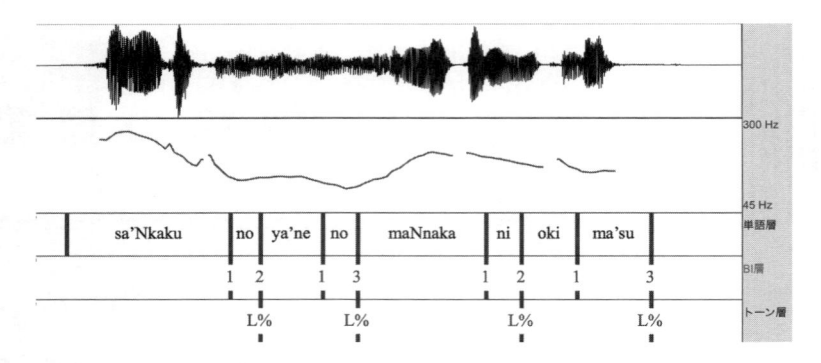

図 9.1 日本語のイントネーション曲線の例.「三角の屋根の真ん中におきます.」と発話している（文献38), p83 の図 4.1).

とをイントネーション曲線，またはトーン（音調，tone）と呼ぶ[*2)]. イントネーション曲線を観察すると，基本周波数は話している最中に常に一定ではなく，局所的に上がったり下がったりしながら，全体として徐々に下がっていくことが分かる[*3)].

図 9.1 の単語層，BI（Brake Index）層，トーン層には，それぞれ日本語のイントネーション曲線が伝える情報を記述するためのアノテーションが付与されている．これらは X-JToBI というラベリング規則[30)]の簡易版[31)]に基づく．これによって何がわかるか，以下で詳しくみていこう．

(1) **自然下降**（declination）   言語によらず，基本周波数は話しはじめから話し終わりにかけて徐々に下がっていく．これは 1 回の呼吸から次の呼吸までの間，肺（声道下）から出てくる空気の量の減少にともなって圧力が低下するためである．

(2) **アクセント**   図 9.1 の「単語層」の「ʻ」はアクセント核をあらわしている．アクセントとは単語ごとに決まっている音の強めの位置である[*4)].「雨」と「飴」,「橋」と「箸」などはアクセントが異なる単語の例である．

---

*2) 音声パラメータとしては，f_0 軌跡と呼ぶことが多い.

*3) ここでは日本語の東京方言に焦点をしぼって論じるが，イントネーション曲線の形は方言によってかなり異なる．詳しく学びたい読者は，文献[29)] などを読むとよい.

*4) したがって規範的なアクセントの位置は辞書で確かめることができる．NHK が出版しているアクセント辞典[32)] には 75000 語が収録されている.

　音声のどの特徴を強めてアクセントにするかは言語によって異なる．英語など多くの言語は音の強さ（強勢）でアクセントを表現するストレスアクセント言語である．一方日本語は少し珍しい，単語の特定のモーラの音の高さ（高低）でアクセントを表現するピッチアクセント言語である．

　日本語のアクセントでは原則として単語の2音節目で音が高くなり，アクセント核のある音節の直後で基本周波数が下がる．ただし，「箸」のように1音節目から音が高い単語や（頭高型），「真ん中」のようにアクセント核がなく基本周波数が終わりまで下がらない単語もある（平板型）．

(3) **ダウンステップ**　アクセントを持つ単語の次の単語では，イントネーション曲線の急激な下降が観察される．このことをダウンステップと呼ぶ．また，ダウンステップの効果が続く範囲をイントネーション句と呼ぶ．図 9.1 の「BI 層」の「3」はイントネーション句の切れ目をあらわしている．

(4) **アクセント句の最初の上昇（句頭上昇）と末尾の下降（句末下降）**　アクセント句とは韻律的にひとかたまりになっていると感じられる単語のまとまりの単位である（同じ文でも，話し方によって句の長さは変わる）．図 9.1 の「BI 層」の「2」はアクセント句の切れ目をあらわしている．新しい句の冒頭では基本周波数の上昇が，また句の末尾では基本周波数の下降が観察される．また，「BI 層」の「1」は単語の切れ目をあらわしている [5]．

(5) **発話末イントネーション**　図 9.1 の「トーン層」は，発話末イントネーション（Boundary Pitch Movement, BPM）の変化のパターンをあらわしている．発話の最後でトーンを上げたり下げたりすることで，話し手は疑問や強調・戸惑いなど，文にさまざまな意味や態度を付与することができる．

　例えば，図 9.2 はすべて「でもね」と発話しているが，左から順番にイントネーションが異なり，「疑問文の音調で上げる（でもね？）」，「音調を下げる（でもね）」，「強調の音調で上げる（でもね！）」，「音調を伸

---

[5]　なお，イントネーション句の切れ目は必ずアクセント句の切れ目を兼ねており，またアクセント句の切れ目は必ず単語の切れ目を兼ねている．

ばしながら上げて下げる（でもねー……）」となっている.

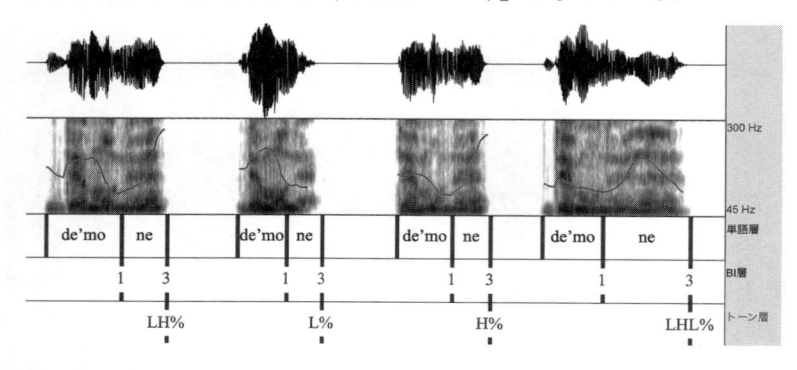

図 9.2 発話末イントネーションの例. 左から「下降上昇調」,「下降調」,「上昇調」,「下降上昇下降調」を示す. 発話はすべて「でもね」である.

(6) **プロミネンス**　発話の中で話し手が強調したいところでは，意識的にアクセントをより強めたり，声を大きくしたり，ゆっくり話したりすることで局所的な変化を与えている. このような発話中の特定部分を引き立たせることをプロミネンスという.

　上記の (5),(6) は話し手が特定の言葉を強調したり，自分の意図を伝えたりする目的で用いる韻律である. このような，話し手が音声の言語情報以外の特徴を使って，聞き手に意識的に伝えようとする情報のことを総称してパラ（周辺的）言語情報と呼ぶ.

ılllıı. 9.2 基本周波数検出

　基本周波数を求めるためのさまざまな手法が提案されている. ここでは，これまでに学んだ音声の分析法を利用した簡単な方法を 3 つ紹介する.

9.2.1 自己相関を用いる方法

　自己相関係数は，信号の周期性を解析するために広く用いられる. 自己相関のグラフは中央が最大値になるが，音声のような周期的な信号の場合は，中央以外に，高いピークがあらわれる（図 9.3）.

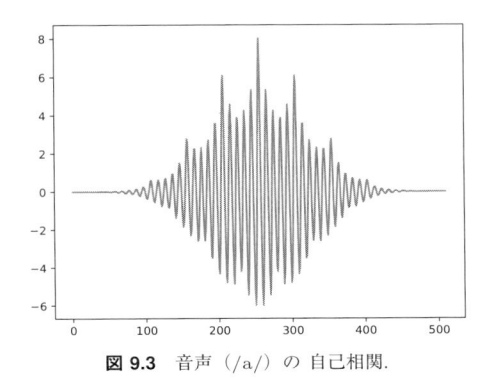

図 9.3 音声 (/a/) の 自己相関.

このピークのうち，最大のものが基本周期に対応する.

```
yA, sr = librosa.load('a8k.wav', sr=8000)
plt.plot(yA)
nLag = 256
ySegment = yA[2000+np.arange(nLag)]*np.hanning(nLag)
ac = np.correlate(ySegment, ySegment, 'full')
plt.figure(); plt.plot(ac)
iCenter = len(ySegment)
x = np.arange(iCenter)/sr
acRight = ac[iCenter-1:]
iPeaks, _ = signal.find_peaks(acRight)
plt.figure(); plt.plot(x, acRight)
plt.plot(x[iPeaks], acRight[iPeaks], 'ro')
iMax = np.argmax(acRight[iPeaks])
print(1/x[iPeaks][iMax])
```

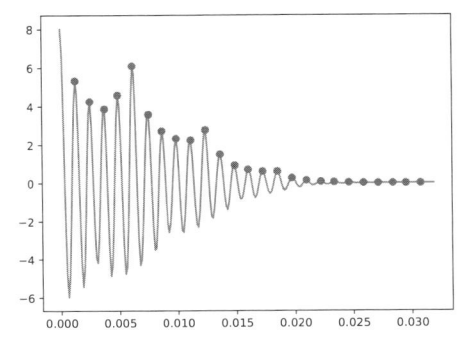

図 9.4 音声 (/a/) の 自己相関 (右側).

中央を除いて，5番目のピークが最大であり，このピークが f_o に対応している．

9.2.2　スペクトルを用いる方法

倍音成分を利用してスペクトルの基本周波数に対応する成分を求める方法に以下の $P(e^{i\omega})$ を用いる Harmonic Product Spectrum（HPS）法がある．

$$P(e^{i\omega}) = \prod_{r=1}^{K} |X(e^{i\omega r})|^2$$

ここで，X は対象となるセグメントのスペクトル，ω は角周波数である．K は考慮する倍音の数である．

対数を取ったものは log Harmonic Product Spectrum と呼ぶ．Product という名称だが，対数を取るので和として求められる．

$$P(e^{i\omega}) = 2 \sum_{r=1}^{K} \log |X(e^{i\omega r})|$$

```python
nFrame = 512; nFFT = 2048
ySegment = yA[2000+np.arange(nFrame)]*np.hanning(nFrame)
logS = np.log(np.abs(np.fft.rfft(ySegment, nFFT)))
frequency = np.fft.rfftfreq(nFFT, 1/sr)
plt.plot(frequency, logS)
K = 5
iUpper = round(nFFT/2/K)-1
P = logS[:iUpper]
for r in np.arange(2,K+1):
    index = np.arange(0, iUpper*r, r)
    P += logS[index]
plt.figure()
plt.plot(frequency[:iUpper], P)
```

この例では，5倍音まで足している．基本周波数に対応した要素が大きくなっていることがわかる．

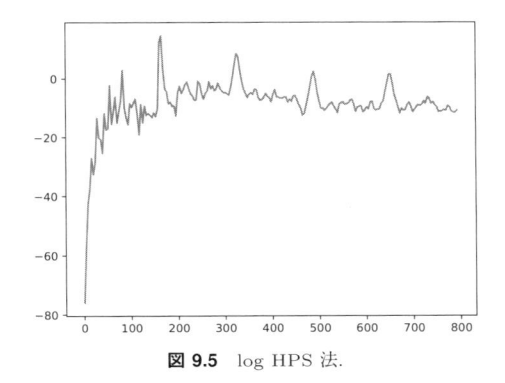

図 9.5　log HPS 法.

9.2.3　ケプストラムを用いる方法

　ケプストラムを用いると，声道関数と声帯振動を分離できる．これまでは，声道関数の部分を利用してきたが，f_0 を求めるためには，声帯振動の部分が利用できる.

```
nFFT = 512
cepstrum = np.fft.irfft(np.log(np.abs(np.fft.rfft(ySegment, nFFT))))
t = np.arange(len(cepstrum))/sr
plt.plot(t, cepstrum)
```

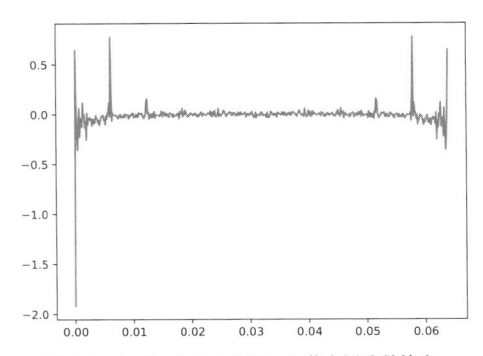

図 9.6　ケプストラムを用いた基本周波数検出.

$0.006\,\mathrm{s}$ のあたりにある大きなピークが基本周波数に対応するピークである.

‖‖‖⸌‥ **9.3 歌声と楽器音の情報処理**

音声の信号処理では，ピッチとは人が知覚する（心理量としての）声の高さを意味しており，ピッチは声帯振動の f_0（基本周波数）と相関関係にあると学んだ（2.2.1 項）．音楽の情報処理においては，ピッチは人が知覚する音符の音の高さを意味していて，音高とも呼ばれる．そして歌声の f_0（音声と同様，声帯振動による）や，楽器固有の f_0（弦楽器であれば弦の振動，管楽器であれば管の共鳴が音源となる）が音高と相関関係にある．

音声では f_0 とピッチの関数としてメル尺度などが使われていた（5.3.2 項）が，音楽では同様の関数としてオクターブ尺度などがよく使われる．

ドレミの「ド」から次の「ド」までの差を 1 オクターブと呼び，1 オクターブ上がると，基本周波数が 2 倍になる（ラが 440 Hz あたりに対応する）．

ピアノの隣り合った鍵盤の間隔を半音と呼ぶ．1 オクターブの間に，白鍵 7 つ，黒鍵 5 つが存在するので 1 オクターブは 12 半音である．ギターやピアノで採用されている平均律は，それぞれの半音が均等な比率となる．

楽譜では，1 つの音符は 1 つの音高に対応しているが，歌声では声帯をさまざまに動かすため，簡単に紹介する．まず，声帯の動きのパターンで歌唱音声はいくつかの声区（ボイスレジスタ）に分類できる．図 9.7 はその一例である[6]．モーダル（地声）の母音よりもファルセット（裏声）の母音の方が周波数成分

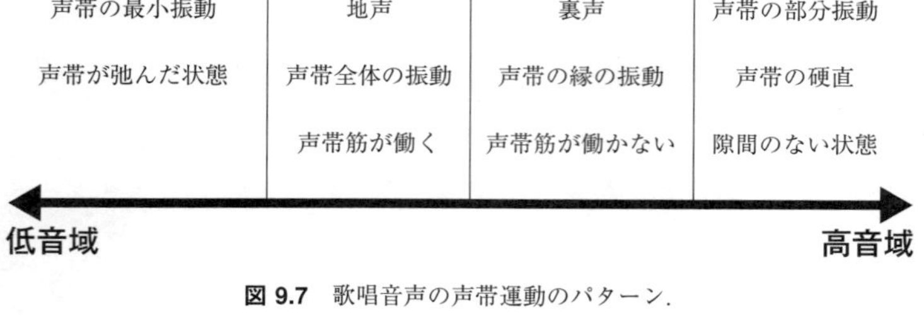

ボーカルフライ	モーダル	ファルセット	ホイッスル
声帯の最小振動	地声	裏声	声帯の部分振動
声帯が弛んだ状態	声帯全体の振動	声帯の縁の振動	声帯の硬直
	声帯筋が働く	声帯筋が働かない	隙間のない状態

◄──────────────────────────────────────►
低音域   **高音域**

図 9.7 歌唱音声の声帯運動のパターン．

---

[6]　モーダルとファルセットを chest（胸声），middle（ミドルボイス），head（頭声）に分けるなど，他にもさまざまな分類がある．文献[33] が詳しい．

が少なく観察しやすいと述べた（3.3.1 項）が，それはファルセットの声帯が
モーダルよりも動かないことも一因である．同じ話者が地声と裏声で /a/ と発
声したときのスペクトルを図 9.8 に示す．声の高さが違うので完全に対応が取
れるわけではないが，裏声では，第 4 倍音から倍音成分の強度が弱くなってい
ることがわかる．

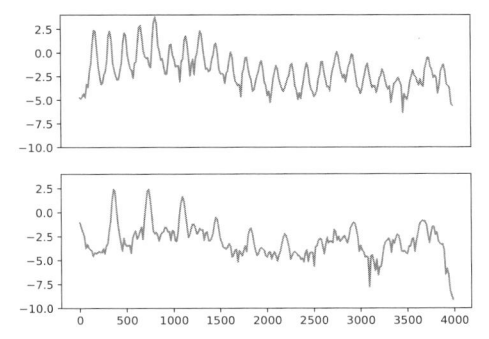

図 9.8 母音/a/の地声（上）と 裏声（下）のスペクトル.

　次に，例えばビブラート（周期的に $f_\circ$ を上下させて揺らぎを感じさせる）な
どの歌唱技法によっても $f_\circ$ は変化する [*7)]．図 9.9 は "Twinkle Twinkle Little
Star" をアカペラで歌ったデータの $f_\circ$ をスペクトログラムに重ねてプロットし
たものである．1 秒前後と 4 秒前後にビブラートが観察できる．音声に比べる
と音節が長い（発話速度が遅い）ことがわかる．

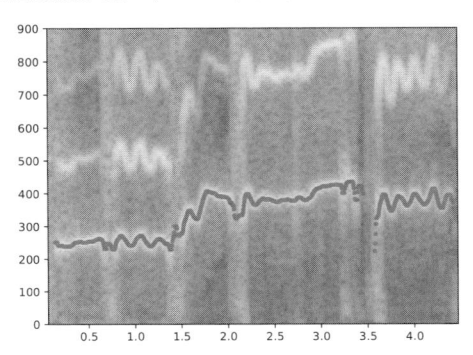

図 9.9 歌声の $f_\circ$.

[*7)] 他にもシャウト・しゃくり・こぶし・フォール等，さまざまな歌唱技術がある．文献[34]）が詳し
い．

　楽譜と対応させるようなときは，周波数のスケールを対数にし，半音が100となるようにすることがある．このような単位を cent と呼ぶ．上のデータを220 Hz（A）の音高を 0 セントとしてプロットしたものが図 9.10 である．最初の「ド」が 200 cent くらいなので，ロ長調（B メジャー）で歌っていることがわかる．2.5 秒あたりの「ソ」の部分が 900 cent，3 秒台前半の「ラ」の部分が1100 cent くらいであることが確認できる．

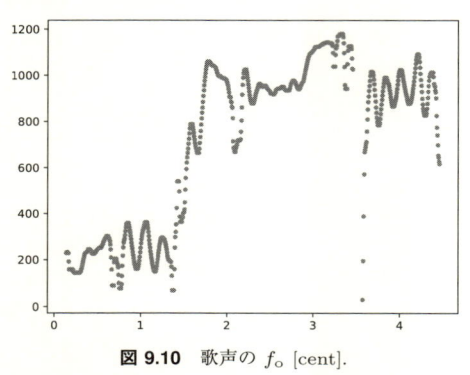

図 9.10　歌声の f_0 [cent].

₀₀|||||||||ₒₒ **章 末 問 題**

1) Praat を使って自分で文を発声した音声のイントネーション曲線をプロットしてみよ．ただし，なるべく上がったり下がったりするような文を探し，どのようなときに上がるのか，下がるのかを考察せよ（参考：https://sites.google.com/site/utsakr/Home/praat/f0）．

2) 長めの文を話してみて Praat でイントネーション曲線を確認し，アクセント核付近の基本周波数の変化を観察し，どのように，どのくらい変化するか測定せよ．

3) 9.1 節の（1）～（3）を考慮すると，テキストからそれを読み上げたときのイントネーション曲線を予想できる．3 回以上 f_0 が上下するような文を考えて，韻律読み上げチュータ スズキクン（http://www.gavo.t.u-tokyo.ac.jp/ojad/phrasing/index）で試して確認し，実際に発話してみて，その発話の f_0 を求め，予想との違いを考察せよ．

4）音節発声のデータのあるフレームから自己相関を用いて基本周波数を検出せよ.

5）章末問題 4 のデータから log HPS を用いて基本周波数を検出し，章末問題 4 の結果と比較し考察せよ.

6）章末問題 4 のデータからケプストラムを用いて基本周波数を検出し，上記の 2 つの方法の結果と比較し考察せよ.

7）なるべくたくさんの回数，f_0 が上下するような文を考えて発声し録音せよ. そのデータを用いて文全体の基本周波数を検出し，その結果を評価せよ.

8）（無伴奏の）歌声データから f_0 を推定し，楽譜を推定せよ.

9）例えば，「消費税が 2% 上がった」という文は，「消費税」，「2%」，「上がった」それぞれの部分を強調でき，どこを強調するかで，どのような文脈での発話なのかが変わる.

　このような文を考えて，強調する単語を変化させて発声しそれを録音して，どのようにして強調しているか分析せよ.

10 発話が伝える さまざまな情報の認識

ここまで音素と韻律について一通り学んできた．この章では，より長い単位の音声に注目する．話し手が話しはじめてから話し終わるまでのひとまとまりを発話（アタランス）と呼ぶ．発話はコミュニケーションの基本単位の1つである．発話中，我々は音声・非音声のさまざまな情報伝達手段[*1]を駆使して相手とコミュニケーションを行っている．図 10.1 は，人が発話中に使用する情報伝達手段をまとめた図である．

音声には，文字に書き起こせる情報（言語情報）と文字に書き起こせない情報（非言語情報，9章）があることをすでに学んだ．非言語情報の中でも，話し手が意識的に相手に伝えようとしている情報のことをパラ（周辺的）言語情報と呼ぶ．パラ言語情報は，話し手が相手に実行してほしいと考えている意図

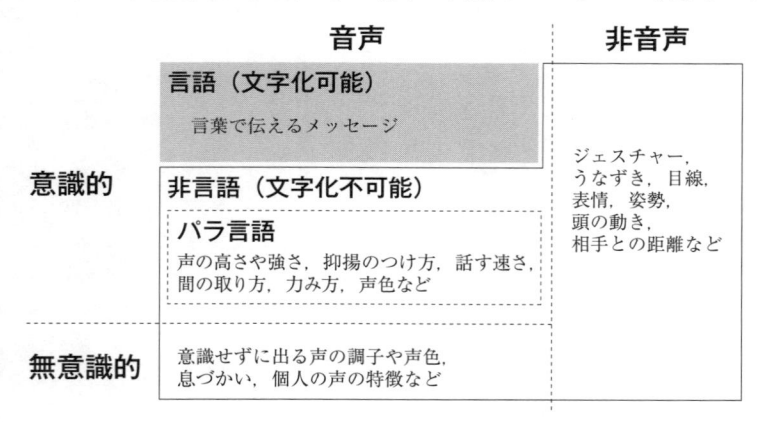

図 10.1 発話が伝える情報とその伝達手段．

[*1] コミュニケーションシグナル，あるいはソーシャルシグナルとも呼ばれる．

や，態度，感情といった話し手の内的な状態に関する情報，話し手の社会的属性やその場の状況に合わせた言葉づかいなど，実に多種多様である．図 10.1 を俯瞰すると，例えば音声認識で音素の並びを得ただけでは，音声のほんの一部の情報を得ただけにすぎないことがわかる．

この章では，はじめに発話の定義について述べる．続いて発話の音声に含まれる情報を分類して，それぞれの特徴を詳しくみていく．

本章では JVNV コーパス（言語音声と非言語音声を持つ日本語感情音声コーパス[35]）を使用する．JVNV コーパスには日本語話者 4 名が 6 種類の感情（怒り・嫌悪・恐れ・幸せ・悲しみ・驚き）を込めて発話した音声が収録されている（サンプリング周波数は 48000 Hz）．https://sites.google.com/site/shinnosuketakamichi/research-topics/jvnv_corpus から入手できる．

プログラム 10.1 この章で利用するパッケージ．

```
import glob
import librosa
import matplotlib.pyplot as plt
import numpy as np
import pandas as pd
import seaborn as sns
from scipy import signal
```

ılllıı. 10.1　発話の基本単位

発話を分析するためには，「何が 1 つの発話か」を定義しなければならない．しかし実は，発話の開始と終了の区間を定義するのは難しい問題である．研究や分析の目的によって，あるいはどのような情報をひとまとめにして扱いたいのかによってさまざまな発話単位の定義がある．以下で紹介する．

(1) **イントネーション単位**（Intonational Unit）　イントネーションの切れ目で区切る発話単位．おおむね，話し手の息継ぎのタイミングと一致する．
(2) **ターン構成単位**（Turn Constructional Unit, TCU）　話者の交替が起きたかどうかを区切りとする発話単位．おおむね，話し手が自分の言いたいことを一通り言い終わったタイミングと一致する．この定義の場合，1 つの発話単位が数十秒〜数分間の長さになることもある．

(3) **間休止単位**（Inter Pausal Unit, IPU）　決まった長さの無音区間で区切る発話単位．2 つの発話区間（音声のある区間）の間に挟まれた無声区間（音声のない区間）の長さが一定の値以上だった場合，そこを発話の区切りとする．無声区間の長さは経験的に 200 ms などが使われる．

(4) **長い発話単位**（Long Utterance Unit, LUU）　実際の会話では，人が実際に発話の切れ目であると感じるかどうか（すなわち，話し手が話し終わった，と感じるかどうか）は，さまざまな条件の複合によって決まる．LUU は諸条件を考慮した発話単位で，例えば笑いや咳の有無などの音声情報，断定の文末表現や感動詞の有無など言語的情報，話題の区切りかどうかの談話的情報など，複合的な基準によって発話の終端を判定する．詳しくは文献[36]を参照のこと．

　図 10.2 は，JVNV コーパスの `M2_sad_regular_43.wav` のスペクトログラムで，「はぁー，今日も寝坊してしまって，会社に遅刻しちゃった．」と発話した 6.77 s の音声である．このファイル全体を 1 つの LUU とみなして分析することもできるが，音声分析の対象としてはやや長いので，より細かい単位に分割してもよい．

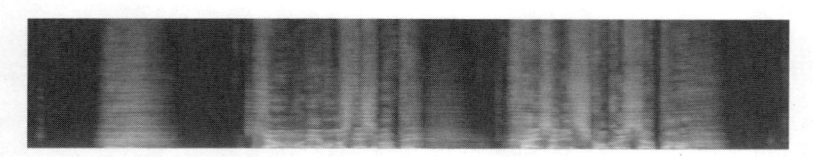

図 10.2　JVNV コーパスの発話例（「はぁー，今日も寝坊してしまって，会社に遅刻しちゃった．」）．

　この音声の IPU を求めてみよう．IPU 区間の検出を行う技術のことを発話区間検出（Voice Activity Detection, VAD）と呼ぶ．VAD では，音声の短時間エネルギー，短時間零交差，短時間スペクトルなどを用いて各フレームが発話区間か無声区間かを推定する．ここでは単純に，各フレームの音圧の 2 乗平均平方根（Root Mean Square, RMS）が一定の値を上回っていたら発話区間とみなすことにする．はじめに，フレーム長 100 ms（4800 点），フレームシフト 5 ms（256 点）でフレーム分割する．分割した各フレームごとに RMS を求め，RMS の値が一定の値を上回っていたら有声と判定する．

プログラム 10.2 簡易的な VAD（RMS を求める）.

```
yA, sr = librosa.load('jvnv_v1/M2/sad/regular/M2_sad_regular_43.wav',
                      sr=None)


VAD_THRESHOLD_RMS = 0.01
FRAME_LENGTH = 4800 # フレームの長さ[サンプル]
FRAME_SHIFT = 256 # フレームシフト[サンプル]
FRAME_SHIFT_SEC = FRAME_SHIFT / sr # フレームシフト[秒]
SILENCE_THRESHOLD_FRAMES = 10 # 無声のフレーム数閾値

# RMSを計算し，無声かどうかを判定する
def calculate_vad(y, threshold, frame_length, frame_shift):
 frame_count = int(len(y) / frame_shift)
 vad= []
 for f in range(frame_count):
  frame = y[f * frame_shift : f * frame_shift + frame_length]
  rms = np.sqrt(np.mean(frame**2)) # RMSを計算
  vad.append(1 if rms > threshold else 0)

 return vad

# VAD処理の実行
vad = calculate_vad(yA, VAD_THRESHOLD_RMS, FRAME_LENGTH, FRAME_SHIFT)
```

ここでは，無声と判定された区間が $200\,\mathrm{ms}$（10 フレーム）連続していたら，そこを IPU の区切りとみなす.

プログラム 10.3 簡易的な VAD（IPU 判定）.

```
# 無声区間を特定する
def identify_silence(vad, silence_threshold_frames):
    silence_beg = []; silence_end = []; sil_counter = 0

    for i, v in enumerate(vad):
      if v:
        if sil_counter > 0:
          silence_end.append(i)
          sil_counter = 0
      else:
        if sil_counter == 0:
          silence_beg.append(i)
        sil_counter += 1

    if sil_counter > 0:
      silence_end.append(i+1)

    return silence_beg, silence_end
```

```
# 発話区間を計算する
def compute_speech_intervals(silence_beg, silence_end,
                silence_threshold_frames, FRAME_SHIFT_SEC):
  ipu_beg_ms = []; ipu_end_ms = []; sil_counter = 0

  for beg, end in zip(silence_beg, silence_end):
    if end - beg > silence_threshold_frames:
      ipu_beg_ms.append(beg * FRAME_SHIFT_SEC)
      ipu_end_ms.append(end * FRAME_SHIFT_SEC)
      sil_counter += 1
      continue
    elif beg == 0:
      ipu_beg_ms.append(0)
      ipu_end_ms.append(0)
    sil_counter = 0

  if sil_counter == 0:
    ipu_beg_ms.append(end * FRAME_SHIFT_SEC)
    ipu_end_ms.append(end * FRAME_SHIFT_SEC)

  return ipu_beg_ms, ipu_end_ms

silence_beg, silent_end = identify_silence(vad,
                                    SILENCE_THRESHOLD_FRAMES)
ipu_beg_sec, ipu_end_sec = compute_speech_intervals(silence_beg,
                silent_end, SILENCE_THRESHOLD_FRAMES, FRAME_SHIFT_SEC)

# 結果の表示
print(ipu_beg_sec)
print(ipu_end_sec)
```

この例では，0.59 から 0.89 s（「はぁー」），1.88 から 3.14 s（「今日も寝坊してしまって」），3.95 から 5.06 s および 5.13 から 5.38 s（「会社に遅刻しちゃった」）の IPU が検出できている．IPU 区間をプロットするプログラムの例を示す．

```
t = np.arange(len(yA))/sr
fig, ax = plt.subplots()
plt.plot(t,yA)
for i in range(len(ipu_beg_sec)):
  if i > 0:
    ax.axvline(ipu_beg_sec[i],color='r',linestyle='--')
  if i < len(ipu_end_sec)-1:
    ax.axvline(ipu_end_sec[i],color='b',linestyle='--')
```

IPU は数値的に定義でき，取り扱いが容易であるため音声情報科学で広く使

われている．実用的な VAD では低周波ノイズを事前に除去したり，音声と雑音の比（SN 比）を求めたり，機械学習を使って精度を高めている [*2]．Python で使える VAD のパッケージとして webrtcvad などがあり，詳しい情報は https://github.com/wiseman/py-webrtcvad が参考になる．ただし，話し手が熟考するなどして発話の途中に無音区間が入ると，そこでぶつ切りになった，発話として不自然な IPU が得られる場合もあるので注意が必要である．

コラム 11

雑音・残響下での音声処理

　本書では特別に注記がなければ，一貫してクリーンな音声を扱ってきた．すなわち，話し手が発した音声は，特に変形や劣化することなく，そのままの状態で聞き手に届くものと仮定していた．実際の会話の場面においては，話し手の口から発せられた音声が聞き手の耳に届くまでの間に，さまざまな外部要因の影響を受ける．例えば賑やかなコンサートホールで友人と会話する場面を考えてみよう．話し手の発する音声には音楽や近くの人の声，その他のさまざまな雑音や残響音などが加わって聞き手の耳に届く．

　人は注意資源をコントロールしたり，そのときの状況に応じて相手が言いそうなことを予測したり，話し手の口の動きや目視した相手との距離など，音声信号以外のさまざまな情報も高度に組み合わせて，相手の発話ををある程度正確に聞き取り，会話を続けることができる．

　一方コンピュータによる情報処理では，例えば複数の耳を持たせる（マルチマイク化する）ことなどによって，この問題に対処することができる．複数の音源があり，それとは別に雑音源もある場合に，音源がいくつ，どの方角にあるかを推定する技術を音源定位という．定位した音源それぞれの音のみを取り出す（すなわち他の音源からの音を抑制あるいは除去する）技術を音源分離という．音源分離によって雑音源の音を取り除けば，結果として雑音抑制を実現することもできる．

[*2]　Praat でも無声区間の検出ができる．音声ファイルを指定して，Annotate > To TextGrid (Silences)... を選択する．

ι|||||ιι. 10.2　文と言葉の意味

　図 10.1 の言語情報が第一に伝えているのは，話し手の言葉の意味内容である．これは文の構造（統語論，シンタックス），意味（意味論，セマンティクス），そしてそれらの言葉がどのように使われるか（語用論，プラグマティクス）を聞き手に伝える情報である．本書は音声信号の情報処理を扱う本なので，言語情報をコンピュータで扱うための自然言語処理（Natural Language Processing, NLP）についてはほとんど扱わない．別途 NLP の教科書を参照されたい．

ι|||||ιι. 10.3　談 話 行 為

　談話行為（dialog act）とは，会話（談話）において，話し手が発話することによってどのような行為を行おうとしているかを体系的にまとめたものである．以下に談話行為の例をあげる．

- 相手に働きかけをする（依頼，提案，質問，確認など）
- 相手からの働きかけに応答する（同意，拒否，回答，保留するなど）
- 話の内容に関するフィードバック（肯定，否定など）
- お互いが話す順番の管理（発話順番の取得，維持，奪取など）
- 時間管理（滞り，一時停止など）
- 伝達内容の管理（独り言，補完，訂正など）
- 社会的コミュニケーション（謝罪，感謝，あいさつなど）

　談話行為を伝達する手段は言語情報に限らない．例えば話し手と聞き手は，韻律やお互いの話の間，ジェスチャーや視線などの非言語情報も駆使して相互に社会的な関係性調整のやりとりをしたり，約束をしたり，賛成・反対などの応答をしたりといった行為をしている．また，1 つの発話中で，複数の談話行為を同時に行うこともできる．例えば，「〜ですか？」という質問は，働きかけであると同時に，自分の発話順を終え，相手に話すように促してもいる．

　談話行為の国際的な分析手段として，2012 年に談話行為の国際標準化規格

ISO24617-2 が提案された[37]（改版によって改良が続けられている）．これの一部を紹介する．図 10.3 は談話行為の「一般目的機能」で，主に情報の相互伝達に関する分類であり，いわゆる話者の「発話の意図」と解釈されるものである．一方，表 10.1 は談話行為の「特定次元機能」で，主に社会的な関係調整に関する分類である．

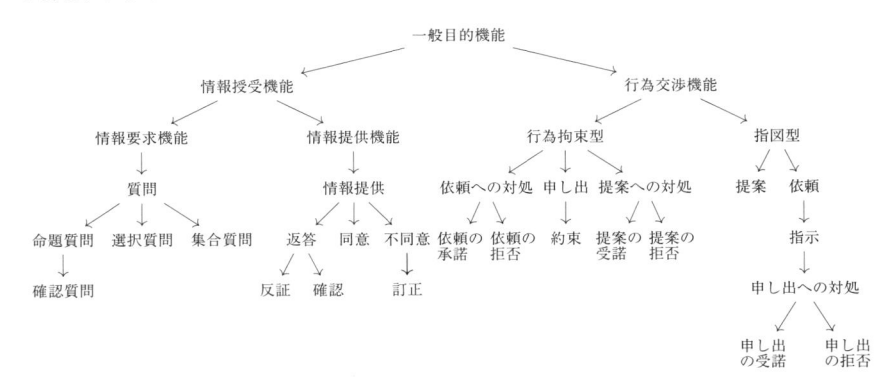

図 10.3　ISO 24617-2 が定める談話行為の一般目的機能（文献[38]，図 5.1）．

表 10.1　ISO 24617-2 が定める談話行為の特定次元機能の例（文献[38]，表 5.2）．

次元	機能	例
自己フィードバック	自己肯定	「あー」
	自己否定	「何？」
他者フィードバック	他者肯定	「そうそうそうそう」
	他者否定	「違う」
発話順番管理	発話順番維持	昇降調
	発話順番奪取	制止ジェスチャー
	発話順番指定	名前による呼びかけ
時間管理	滞り	発話速度の低下やフィラー
	一時停止	「待った待った」
談話構造化	相互行為構造化	「塾講の：ことなんだけど：」
	対話開始	「トピックは (.) くさい話です」
自己伝達管理	自己中断	「まだなんか：」
	自己訂正	「こど - (0.146) 小さい時」
他者伝達管理	補完	「C: 目のつけどころが 　B: 違うでしょ」
	他者訂正	「A: あれか：(0.34) 日払い 　A: じゃなく [て 　B:　　　[日雇い」
社会的付き合い管理	謝罪	「ごめん」
	感謝	「ありがとう」

談話行為は会話の機能に着目した分類体系なので，同じ分類項目でも，それを表現するための話し方は複数ありうる．例えば「情報要求機能」の「質問」は，「～ですか」という言語情報で表現することもできるし，「～？」という語尾上がりのイントネーション（パラ言語情報）によって話し手の言いたいことが質問であることを表現することもできる．「他者フィードバック」は「うんうん」などのあいづちでも表現できるし，「その通り」など言語で伝えることもできる．時間管理はフィラー（「えー」などの場つなぎ語），発話速度を遅くするなど，さまざまな方法がある [*3]．

ιΙ|ΙΙι... 10.4　話者の内的状態

発話には，談話行為の情報要求のように相手を指定して明示的に伝達しているわけではないが，それでもお互いに伝わる情報も含まれる．例えば，話し手の感情や態度などである [*4]．本節ではこれらの内的状態について考察する．

10.4.1　感　　情

発話には話し手が喜んでいる・悲しんでいるなどの感情を伝える機能がある．感情は動物が生理的に持っている内的状態だと考えられているが，人は内的な感情をそのまま表出することもあるし，社会文化的な状況によって意図的に感情を表現したり演技したりすることもある．[*5] 人の感情音声はさまざまな側面を持っていて，感情をどのように理解・定義するべきかは議論の途上にあるが，ある程度広く合意がなされている定義として，ここでは感情の軸分類（感情次元説）とカテゴリ分類（基本感情説）について簡単に紹介する．

感情次元説では，感情とはより基本的な次元の上で，グラデーションを持って分布するものであると考える．著名なものの1つがラッセル（Russell）の円

[*3]　さらに，例えばあいづちは音声によらず頭のうなずきでも表現できるし，発話順番管理は相手に視線を向けるなどの方法でも表現できる．したがって正確な談話行為のアノテーションのためには，音声だけでなく動画をみて非言語情報の分析が必要になる．

[*4]　話し手の感情や態度が談話行為と解釈される場合もある．例えば，悲しみの感情発話が社会的付き合い管理として機能したり，不満の態度が提案の拒否として機能したりする場合がある．どのような内的状態がどのような機能を担うかは，文脈や対話の状況による．

[*5]　話者が意識して伝える（パラ言語的な）感情と，話者の無意識的な内部状態から伝わる感情は分けて扱うべきだという議論もある．深く学びたい読者には，文献[39]をすすめる．

環モデル[40]（図 10.4）である．これは各感情が「快-不快」，「覚醒-睡眠」の 2
軸の空間状に配置されるとするモデルである．

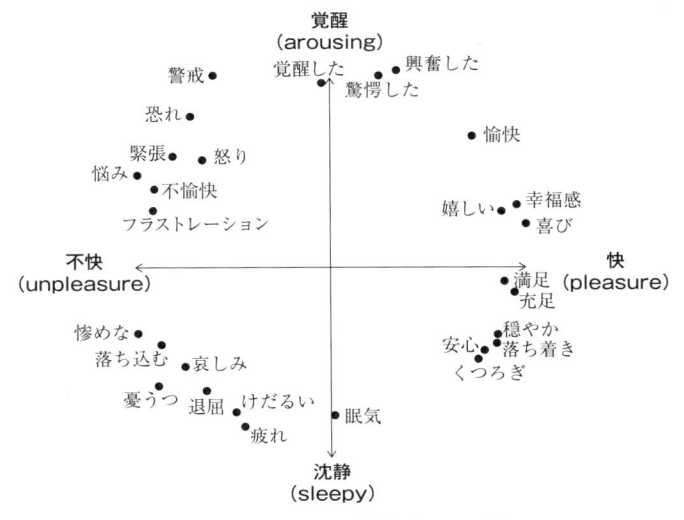

図 10.4　ラッセルの感情円環モデル[40]．

　一方基本感情説では，感情は聞き分け可能なカテゴリ（知覚的範疇）として
人の脳内に存在すると考える．いわゆる喜怒哀楽は，感情を 4 つの基本的なカ
テゴリに分類しようとする定義である．嫌悪，恐れ，驚きなども基本的なカテ
ゴリに加えられることがある[*6)]．

　シェーラー（Scherer）は 12 種類の感情状態（幸福，喜び，嫌悪，軽蔑，悲
しみ，悲嘆，心配，恐れ，押し殺した怒り，激しい怒り，退屈，恥）において
音声にどのような音響的特徴があらわれるかを報告している[44)]．表 10.2 はそ
のうち 6 つの感情状態についてまとめた表である．「発話速度」は音節あたりの
平均発話時間の値とすることが多い（章末問題 4 を参照）[*7)]．「音の強さ」は
RMS（10.1 節）や対数パワー（8 章 章末問題 13），インテンシティ（音圧の
2 乗のデシベル値）で求めることが多い[*8)]．「f_0 レンジ」は発話区間内の基本

---

*6)　感情音声がどのように表出されるかは文化・社会的背景や会話の状況にも依存する．そのため，
　　何を感情カテゴリに含めるべきかは言語や文化によって異なる可能性がある．
*7)　音節あたりの平均発話時間は大まかな発話速度を分析する上で便利だが，1 つの発話単位内でも
　　発話速度は変わりうるので，音声学の詳細な分析には適さない場合がある．
*8)　扱う問題によってインテンシティの意味や式は変わるので注意．例えば，音響工学ではインテン

周波数の最大値から最小値を引いた値である．「f_o 揺らぎ」は声帯振動の周期
と振幅の揺らぎで，周期はジッタ（jitter），振幅はシマ（shimmer）と呼ばれ
る指標で求められる（詳しくは文献[45]を参照）．

表 10.2　感情状態ごとの音声の音響的特徴（文献[39]，p.42）．

	喜び	嫌悪	悲しみ	恐れ	押し殺した怒り	激しい怒り
発話速度	速い	-	遅い	速い	-	速い
音の強さ	大きい	-	小さい	-	大きい	大きい
f_o 平均	高い	高い（自発） 低い（演技）	低い	高い	高い	高い
f_o レンジ	広い	-	狭い	広い	-	広い
f_o 揺らぎ	-	-	-	大きい	-	-

　感情次元説と基本感情説は，心理知覚実験や生理反応の測定実験によってそれ
ぞれを支持する結果が得られている．したがってこれらは，どちらかが誤って
いるわけではなく，感情の異なる側面をあらわしていると捉えた方がよいかもし
れない．実際に，両方の説に基づいた感情音声認識技術が開発されている[*9]．

　感情カテゴリ「怒り（anger）」と「悲しみ（sadness）」の音響的特徴の違いを
観察してみよう．JVNV コーパスのすべての収録には，「言語音声」と「非言語
音声」が含まれている．例えば `M2_sad_regular_43.wav` は冒頭の「はぁー」
が非言語音声，「今日も寝坊してしまって，会社に遅刻しちゃった．」が言語音声
である．非言語音声はパラ言語で表現された感情音声の分析に適している．以
下は，JVNV の「怒り」と「悲しみ」の非言語音声の音響的特徴をプロットす
るプログラムである．音の強さ（インテンシティ）は，空気中を伝搬する音波
の持つエネルギーの強さで，絶対値は騒音計を使って計測する必要がある．こ
こではデシベル（コラム 6 参照）を使って，相対的な値を求めている[*10]．こ
こでは値がエネルギーなので，$dB = 10 \times \log_{10}(\text{対象値}/\text{基準値})$ で求まる．

プログラム 10.4　JVNV コーパスの感情音声の音響的特徴をプロット．

```
def getNvTime(nv_label_file):
  f = open(nv_label_file, 'r', encoding='UTF-8')
  nv_beg, nv_end, nv = f.read().strip('\n').split('\t')
```

　　　シティは音源からの音エネルギーの伝搬の強さ [W/m^2] を表すことが多い．
[*9]　発話のパラ言語情報から感情を推定しようとする技術のことを emotion recognition，言語情
　　　報から感情を推定しようとする技術のことを sentiment recognition と呼ぶことが多い．
[*10]　ここでは dB の基準値は基準音圧（reference pressure）の 2 乗，すなわち 20 マイクロパス
　　　カルの圧力で音が空気を振動させるエネルギーである．これは人が聞き取れる最も小さい音とさ
　　　れている．

```
    f.close()
    return float(nv_beg), float(nv_end)

def getAcousticFeature(wav_data_nv):
    squared_wav_data_nv = np.square(wav_data_nv)
    rms = np.sqrt(np.mean(squared_wav_data_nv))
    pitch_floor = 75
    effective_window_length = int(3.2 / pitch_floor * sr)
    kaiser_window = signal.windows.kaiser(effective_window_length,
                                           beta = 20)
    intensity_wave = np.convolve(squared_wav_data_nv, kaiser_window,
                                 mode='same')
    reference_pressure = 20e-6
    intensity_dB = 10 * np.log10(intensity_wave /
      (reference_pressure ** 2) + 1e-10)
    intensity = np.mean(intensity_dB)
    fo, _, _ = librosa.pyin(wav_data_nv, fmin=75, fmax=600)
    fo = fo[~np.isnan(fo)]
    if len(fo) != 0:
        fo_range = np.max(fo) - np.min(fo)
    else:
        fo_range = 0

    return intensity, fo_range

jvnv_path = './jvnv_v1/'
speaker_list = ['F1', 'F2', 'M1', 'M2']
emotion_list = ['anger', 'sad']
speaker = []; emotion = []; feat1 = []; feat2 = []
for s in speaker_list:
    for e in emotion_list:
        wav_dir = jvnv_path + s + '/' + e + '/regular/'
        nv_label_dir = jvnv_path + 'nv_label/' + s + '/'
        files = glob.glob(wav_dir + "*.wav")
        for f in files:
            nv_label_file = f.replace(wav_dir,
                            nv_label_dir).replace('.wav','.txt')
            nv_beg, nv_end = getNvTime(nv_label_file)
            wav_data, sr = librosa.load(f, sr=None)
            wav_data_nv = wav_data[round(nv_beg * sr):round(nv_end * sr)]
            intensity, fo_range = getAcousticFeature(wav_data_nv)

            speaker.append(s)
            emotion.append(e)
            feat1.append(intensity)
            feat2.append(fo_range)
```

```
df = pd.DataFrame({'Emotion': emotion,
                   'Intensity': feat1,
                   'Fo_Range': feat2})

fig, ax = plt.subplots(figsize=(8,6))
ax.set(xscale='log',yscale='log')
sns.scatterplot(x='Intensity', y='Fo_Range', hue='Emotion',
                ax=ax, data=df, palette='Set1', s=100)
plt.title('Emotion')
plt.xlabel('log Intensity')
plt.ylabel('log Fo_Range')
```

　図 10.5 の散布図が得られる．これは縦軸が f_{o} レンジ，横軸が音の強さ（イ
ンテンシティ）をあらわしている．数値の違いを強調するために各軸を対数変
換している．表 10.2 と比較してみると，実際に「怒り」の音声では大きなイン
テンシティが，「悲しみ」の音声では小さなインテンシティが得られている．一
方，f_{o} レンジの値は必ずしもすべてが表 10.2 の傾向と一致しているわけでは
ない．感情音声がどのように表出されるかは社会的背景や会話の状況（ドメイ
ン）にも依存する．そのため，何を感情カテゴリに含めるべきかは言語や文化
によって異なる可能性がある．感情音声認識では，ドメイン依存性の取り扱い
も重要なテーマである．

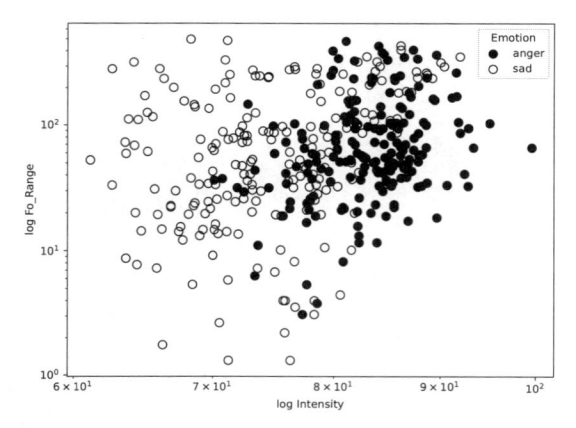

図 10.5 JVNV コーパスの「怒り」と「悲しみ」の音響的特徴．

10.4.2 態　　度

心理的な態度（attitude）とは，感情と意図（談話行為）の中間領域の総称で，おおむね以下のようなものと捉えられている．

- 話者の内的状態に関する表明である．したがって明確な指示対象は持たず，相手になんらかの行動を直接要求するものではない．
- 感情よりも意識的，意図的に表出されたもの
- 丁寧さ，親しさ，敬意などのポライトネス表現
- 自信の強さ，外交性，社交性などのフェイス表現
- 賛意，不服，戸惑いなどのスタンス表現
- その他

発話末の音響的特徴やイントネーションでパラ言語的に表現される態度もあるし（「そうですか！/そうですか？/そうですか……」など），文末表現として言語的に表現される態度もある（「そうです/そうっす/そうでございますか/そうですよね」など[*11]）．図 10.6 は「え」または「へ」という 1 文字文をさまざまな態度を込めた言い方で発声し，音響的特徴がどのようになっているかを分析したものである．

横軸の f_0 move は発話の前半・後半に二等分したときの差分値で，基本周波数が後半でどれだけ下がったか（fall），または上がったか（rise）をあらわしている．例えば「肯定・同意」の態度では短い下降調の韻律，「不満・疑い」では上昇調の韻律，「戸惑い」では長い平坦な韻律がみられることがわかる．

談話行為によって話し手の意図（相手に何を伝えたいか）が表現されるが，さらにここに話し手の心的状態（態度や感情）が組み合わせることで豊かな会話のバリエーションが生み出される．例えば談話行為の「依頼の承諾」であっても，話し手は「不服だが承諾/迷いながらの承諾/喜んで承諾」など，さまざまな態度を音声に込めて伝えることができる．

[*11]　これらの言語的な表現形式を文の様相またはモダリティと呼ぶ．

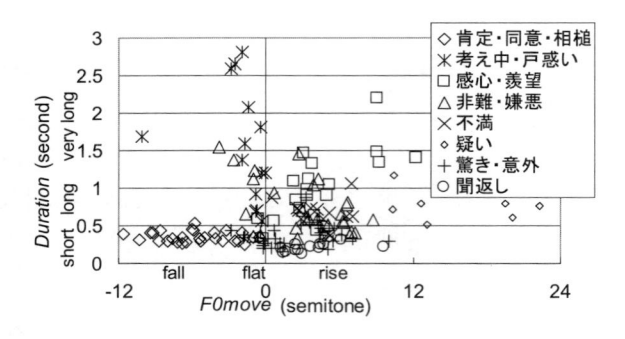

図 10.6 さまざまな態度表現における韻律パラメータの分布. 発話はいずれも「え」または「へ」と読んだもの（文献[41], Fig.3）.

ılllıı.　**10.5　スピーチスタイル**

　同じ話者であっても，どのような状況で，誰に向かって，どのような気分状態で，何を話すかによっても話し方は変わる. これを発話の様態，スピーチレジスタ，またはドメインなどと呼ぶことがある. 例えば，大人が乳幼児や子供に向かって話すとき，大きなピッチレンジで，母音空間（F_1/F_2 平面上で，/i/, /a/, /u/ の 3 つの母音を頂点とする三角形の面積. 章末問題 7 の 2) 参照）を拡大させて，簡易な単語と文法を選んで話しかける傾向がある. 他にも電話口，騒音の多いパーティ会場，壇上でのスピーチ，カーナビゲーションなどの音声認識システムに対して話すとき，人は状況に応じてさまざまな話し方を使い分けている. 図 10.7 はこれまでに論文で報告されている，さまざまな相手に対する発話の音響的特徴の変化の一例である[*12)].

　さらに，社会的な属性，職種（例えば看護師のしゃべり方，政治家のしゃべり方など），発話の状況（家の中でリラックスしているか，仕事中で緊張しているか，など）によっても話し方は変化する[*13)].

[*12)]　これらの変化がコミュニケーション上どのような意義があるのかはさまざまな説がある. 例えば対乳児発話の母音空間が拡大するのは，F_1/F_2 空間上でできるだけ多様な母音を聞かせようとしているのかもしれない.

[*13)]　スピーチスタイルや発話の状況が開発者の想定と異なる場合，音声信号処理技術の性能が大きく低下することがある. この性能低下をどう防ぐかは，ドメイン適応と呼ばれる重要な研究テーマである.

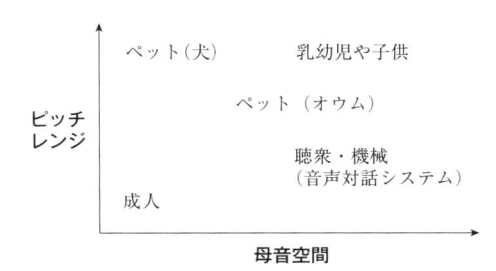

図 10.7 成人がさまざまな相手に話しかけるときの発話の音響的特徴の変化.

iIIIIii. **10.6 話者の個人性**

音声の発話には，話し手の個人の特徴（話者性）をあらわす情報も含まれている．一人一人の声道の形状の違いや声帯の動き方の違い，調音器官の動かし方の違いがその話者らしさの特徴となって，音声から話し手自身の特徴（性別や年齢など）がわかる場合がある（2.1.1 項）．例えば，声道の形状の違いによってフォルマント周波数には話者による差があらわれる（7.1.2 項）．また，話し手の性格傾向特性（パーソナリティ）は，どのような語彙を選ぶか，どういった言い回しを使うか，話す速さや強さなどに特徴があらわれやすい．

このような特徴は話し手が意図的に制御できるものではなく，そのため話者に関する個人情報であると解釈される．こういった種々の発話情報を分析して話し手に関する情報を推定したり，逆に個人情報保護のためにこれらの情報をマスキングするための技術が研究されている．また，音声生成の際に特定の話者らしさを付与するための技術も研究されている．

本節では特に話者認識（話者性の認識）に関する種々の技術について解説する．ひとくちに話者認識といっても解くべき問題はさまざまである．以下は代表的な話者認識技術である [*14]．

[*14]　いずれの手法でも，前処理として正確な発話区間検出が重要になる．またシステムが利用される状況によっては，マイクロホンアレイ（複数のマイクを並べたもの）などを使って，話者ごとの音源分離や，ノイズ軽減などの前処理を行うことも重要である．

(1) **話者識別**（speaker identification）　入力された音声が，モデルが事前に学習済みの話者のうちの誰の音声であるかを識別する（図 10.8 左）．学習済みの話者のいずれかに必ずあてはめるモデル（あらかじめ会話参加者がわかっている場合）と，「学習済みの話者の誰でもない」という識別も行えるモデル（未知の会話参加者が存在しうる場合）がある．議事録書き起こしシステムなどに用いられる．

(2) **話者照合**（speaker verification）　特定の誰かの声であるか，そうでないかを判別する（図 10.8 右）．生体認証などに用いられる．

(3) **話者ダイアライゼーション**（speaker diarization）　不特定多数の音声を話者ごとに分離し，それぞれが同一話者か異なる話者かを推定する（図 10.9）．公開討論の書き起こしや，公共空間の音声案内システムなどで用いられる．

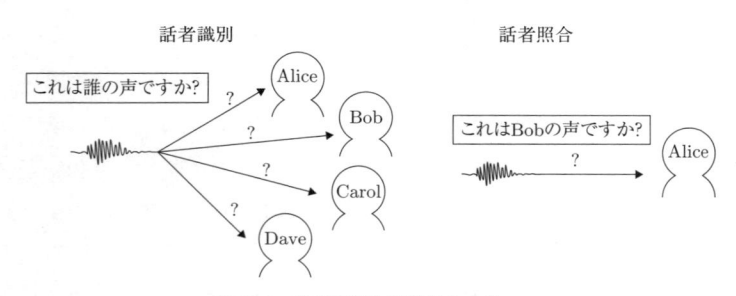

図 10.8　話者識別と話者照合の違い．

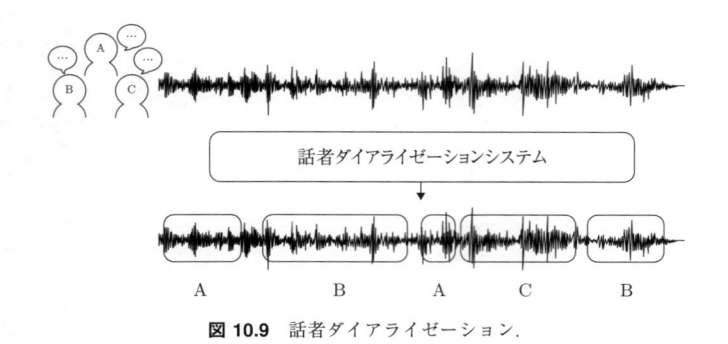

図 10.9　話者ダイアライゼーション．

これらの話者認識技術を用いるためには，はじめに，機械学習モデルが扱い

やすいように話者個人の音響的特徴をモデル化しなければならない[*15]．いずれのタスクにせよ，認識対象の話者の音声を大量に（例えば，1 時間など）収録することは現実的ではない．したがって，それほど多くない話者の収録音声（登録データ）からモデルを作る必要がある．話者認識技術の利用時には，例えば，登録データには含まれない音韻が出現する事態も想定しなければならない．このような学習データが少ない状況に対応する様々な技術が研究されている．

代表的なものは，タスクの対象となる登録話者に限らない多人数の学習データを用いて基盤となるモデルを作成し，そのモデルを活用するという手法である．登録データでカバーできないときに共通のモデルを利用する UBM（Universal Background Model），画像処理の固有顔をヒントに固有声で話者を識別するために特化した特徴量空間を利用する i-vector などがある．

本章では，i-vector を深層学習で発展させた x-vector を紹介し，x-vector を用いた簡単な話者ダイアライゼーションと話者照合を紹介する．なお，この章で紹介するプログラムは深層学習に関するものが多い．詳細な説明は本書の範囲外なので，サポートサイト https://github.com/sp-au-mu-nl/SpeechComm を参照していただきたい．

10.6.1 x-vector の学習

x-vector は，いわゆる話者埋め込みである．話者認識のためのネットワークを学習し，途中の部分の出力を取り出すことで，話者認識に特化した特徴抽出が可能になる．音声処理ではよく用いられる TDNN（Time-delay neural network）とよばれるネットワーク構成で，スペクトログラムを時間方向に伸縮させて特徴を学習するものである．

ここでは入力は 20 次元の MFCC（フレーム長は 25 ms）であり，最初の 5 層の 1 次元畳み込み層で，時間伸縮を考慮した MFCC の特徴抽出を行う．抽出された特徴量の発話全体の平均，分散を集約するのが statistic pooling 層である．この統計的な特徴量を用いて，最後の 3 層の分類層で話者認識を行う．

このプログラムで学習に用いたデータは，Common Voice コーパスから 11 秒以下のデータが 20 発話以上ある話者を約 700 名選んだものである．学習用

データの数は 約 43000 発話，その 80% を訓練用 10% を検証用，10% を評価用にランダムに選んだ．ネットワークのフィルタ数は 512 である．エポック数は 30 としたときの学習結果は，学習データに対する話者認識の正解率約 99%，検証用，評価用データに対する正解率は約 98% だった．この条件では，x-vector の次元数は 512 となる．

　評価用のデータ（約 4300，約 700 名）のサンプルごとの x-vector を tensorboard の embedding 可視化機能で，512 次元から U-MAP で 2 次元に次元削減して表示すると 図 10.10 のようになる．この図では，同じ話者は同じ濃さになるような色で表示している．tensorboard では，プロットされた点をマウスで選択すると話者番号が表示できる．そのようにして表示すると，同じ話者のサンプルが発話内容が異なるにも関わらず近傍に配置されていることがわかり，効率的に話者を識別できる特徴量空間になっていることがわかる．

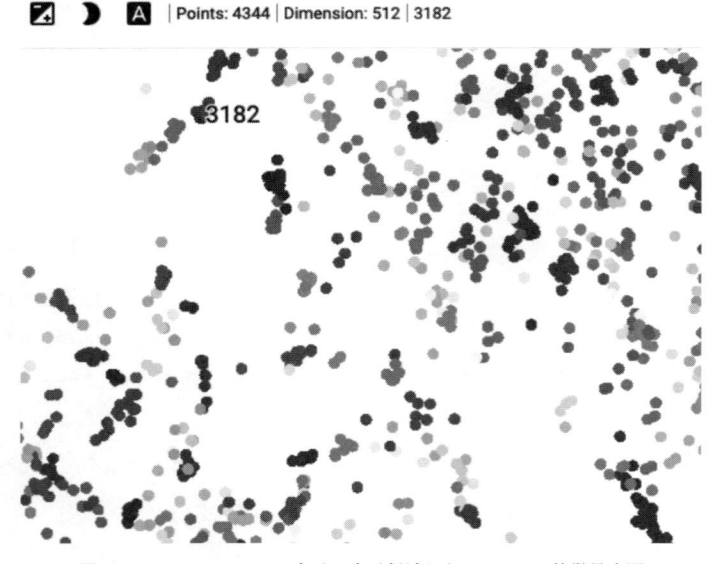

図 10.10　U-MAP で 2 次元に次元削減した x-vector 特徴量空間

　次節以降の応用のため，学習データを用いて，線型判別分析（LDA）で最大 150 次元になるように次元削減を行った．

10.6.2 話者照合

x-vector を用いた話者照合[42]) の処理の流れは次のようになる．この演習では，LDA で次元削減した x-vector を用いた（chap10_speaker_verfication.ipynb）．

(1) 登録用データを用意する．Common Voice から x-vector の学習用話者に含まれない話者で 31 発話以上 100 発話以下の話者から男女 20 名ずつ選択し，各話者 3 発話ずつを登録用データとする．

(2) 評価用データを用意する．登録用データ話者の登録データ以外のデータ，および，これまでの話者以外の話者で 31 発話以上 100 発話以下の話者から男女 20 名ずつ選択し，合計 80 名のデータとする．

(3) 登録用データを x-vector に変換し，話者ごとに平均ベクトルを作成し，テンプレートとする．

(4) 評価用データを x-vector に変換し，それぞれのサンプルごとに登録話者 40 名のテンプレートとのコサイン類似度を計算する．

(5) テンプレートとのコサイン類似度がしきい値以上となった場合に照合結果とするようなシステムを想定する．

(6) しきい値ごとに，正解話者が照合結果とならなかった割合を誤検出率（FAR），正解話者以外を照合結果としてしまった割合を本人拒否率（FRR）として算出する．FAR と FRR が一致する点を等価誤り率（ERR）とする．

結果を図 10.11 に示す．このときの ERR は 0.082 であった．700 名，43000 発話とそれほど多くないデータで学習した x-vector であっても一定の性能を示すことがわかる．

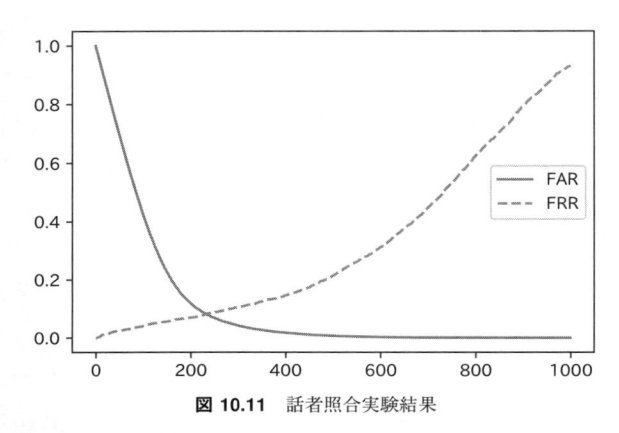

図 10.11 話者照合実験結果

10.6.3 話者ダイアライゼーション

x-vector を用いた話者ダイアライゼーション[43] の処理の流れは次のように
なる．この演習では，x-vector をそのまま用いた（chap10_speaker_
diarization.ipynb）．

1) 評価用データを用意する．Common Voice から x-vector の学習に使わ
   なかった話者のデータから男女 3 名ずつによる合計 10 発話（各話者 1 な
   いし 2 発話）を選択し，適当につなぎ合わせた 15 s 程度のデータを用意
   した．
2) 評価用データをフレームに分割する．フレーム長 1 s，フレームシフト
   0.1 s とした．
3) フレームを x-vector に変換する．
4) フレームごとにコサイン類似度に基づいて，階層的クラスタリングを行う．
5) 話者のクラスタリングの誤り率を求める．

結果を図 10.12 に示す．このときのクラスタリング誤り率は 0.3 だった．
図 10.12 の下段はクラスタリング結果で，同じ高さの線は同じ話者を表す．

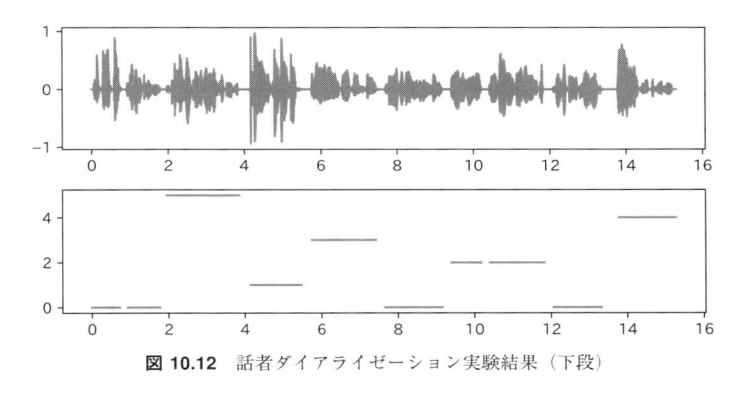

図 10.12　話者ダイアライゼーション実験結果（下段）

章 末 問 題

1) 音声やジェスチャーがコミュニケーションにおいてどのような情報を伝えているか，実体験に即して考えてみよう．例えば音声が使用できない会話，表情がみえない会話などで，情報伝達にどのような不便があるだろうか．また，情報の不足をどうやって補うだろうか．

2) 発話単位を切り出す方法として，間休止単位（IPU）が適切な場合と，不適切な場合を例に挙げよ．例えば，笑い混じりに話している場合や，無言を挟んでじっくり考えながら話している場合などに，間休止単位は発話区間の分割単位として適当だろうか？　他にも，2 者対話において，両者があいづちやフィラーを多用している場合や，両者がヒートアップして息継ぎなしに話し続けている場合なども考察してみよ．

3) プログラム 10.2 は変数 VAD_THRESHOLD_RMS に固定値を与えているため，音声ファイルの録音レベルが異なっていたり，話者の声が小さい場合は発話区間の検出に失敗する．また，雑音の大きな環境では無声区間の検出に失敗する．このプログラムを改造して，録音レベル，話者の声量，あるいは環境雑音のいずれかに頑健なプログラムにせよ．

4) プログラム 10.4 を修正して，感情カテゴリ「怒り」と「悲しみ」の発話速度を求めてみよ．発話速度は，発話の持続時間を音節（モーラ）数で割った値（時間

あたり音節数）を用いるとよい [*16]．各ファイルの非言語音声部分の音節数は，JVNV コーパス付属の書き起こしファイル（transcription ファイル）に記載されている．

5) 8.3 節を参考にして，GMM を使って JVNV コーパスの感情カテゴリ「幸せ（喜び）」と「悲しみ」を識別する感情認識器を作ってみよ．6 つの感情カテゴリすべてでも試してみること．

6) 怒り，悲しみなどを演技した音声を録音し，さまざまに分析し特徴を考察せよ．

7) 同じ文章にどれだけ多様な態度を込められるか検討し，実際にそれぞれの態度で発話した音声を録音してみて，各態度の音響的な特徴について考察せよ．

8) 同じ単語でも，文脈（話の流れ）や話し方によって伝わる意味や態度は異なる．例えば，「うん」という単語を考えよう．「うん」は場つなぎ的なあいづちとしても使うし（表 10.2 の「発話順番指定 & 他者肯定」），相手の話に対する力強い同意（表 10.2 の「情報提供 > 同意 & 他者肯定」）としても使われる．
　　このことを宇都宮大学パラ言語情報研究向け音声対話データベース（UUDB）で確認してみよう．UUDB では 400 ms の間休止単位ごとに，それがあいづちかそうでないかのラベルが与えられている（人間の評定者が文脈と話し方を考慮した上で判定）．以下の 13 単語はあいづちとしても，通常の発話（ここでは同意/agreement の発話であるとみなす）としても頻出する．
　　　　「あん」，「はん」，「ふん」，「ふんふん」，「ん」，「うん」，「うんうん」，「うんうんうん」，「うんうんうんうん」，「うんうんうんうんうん」，「はい」，「はいはい」，「はいはいはい」．
  a) 実際に音声を聞いてみて，あいづち（backchannel）か同意（agreement）の聞き分けができるか試してみよう．
  b) これらの発話データからニューラルネットワークを訓練して，backchannel，agreement の識別器を作成しよう．

9) YouTube で映画の 1 シーンを選び，何個の発話があるかをカウントしてみよう．以下について議論しよう：一人の人がしばらく黙って，再び話しはじめた場

[*16]　話速は発話内で速くなったり遅くなったりするため，分析の目的によっては，時間あたり音節数を話速とみなすべきではない．発話末イントネーションやプロミネンス（9 章を参照）の周辺では特に話速の変動が大きくなる．なお感情は発話内で比較的一定なので，今回は問題ないとする．

合，それは 2 つの発話とカウントするべきだろうか？ まったく違う話題を息継ぎ
なしでしゃべり続けた場合は 1 つの発話とみなしていいだろうか？ 誰かの発話
に短いあいづちを返しただけの場合，それは発話とカウントするべきだろうか？

10) 疑問文を発話した音声と平叙文を発話した音声をそれぞれ 10 個ずつ録音して，
疑問と平叙のイントネーションを識別する GMM モデルを作ってみよ．

11 発話の生成

　すでに 1〜10 章を学習済みの読者は，ここまでの学びを通して，コンピュータで音声を生成し，聞き取り，認識するための基本的な情報処理のしくみを習得し，それぞれの機能を使いこなせるようになっているはずである．そこで本章では，これまでに学んだ機能を組み合わせて，コンピュータにある程度長い連続音声を発話させてみよう．自然で高品質な連続音声をコンピュータで生成するためには，音素どうしのスペクトルの連続性（調音結合）やイントネーションの自然さなど，考えるべきことが多い．物理モデルに基づいて母音を生成する手法は，すでに 4 章（プログラム 4.10）や 6.3 節で学んだ．物理モデルベースの音声合成法は，計算量が比較的少ないため対話のようなリアルタイム処理も容易で，パラメータさえ変えれば無限の音を生成できるが，高音質な音声を生成するには複雑なモデルの大量のパラメータを制御する必要があり，技術的な難しさもある．

　次節で紹介する波形ベースの音声合成法は，実音声から素片を多数集めて，その素片を必要に応じて接続して合成する方法である．比較的簡単に高品質な音声が得られるので，さまざまな所で活用されている合成法である．また，最新のニューラルネットワークベースのテキスト・音声変換（Text to Speech，TTS）技術では，長いテキストからかなり自然な連続音声を生成できるようになってきた．TTS については 11.2 節で紹介する．

　さらに本章では，長い音声をテキストに変換する（Speech to Text，STT）音声認識技術（11.3 節），対話において適切な発話のタイミングを制御するための話者交替（ターンテイキング）とその予測技術（11.4 節），以上のすべての技術を組み合わせた音声対話システムの仕組み（11.5 節）についても学ぶ．

プログラム 11.1 この章で利用するパッケージ.

```
import numpy as np
import matplotlib.pyplot as plt
import copy

import worldvocoder as wv
import librosa
import IPython

import dtw

import plotly.graph_objects as go
import plotly.express as px
```

11.1 波形ベースの音声合成法

本節では波形ベースの音声合成法を試してみよう. 波形ベースの手法は手軽にそこそこの品質の音声を生成できるため, 以前から駅の案内放送やカーナビゲーションなどで多用されてきた.

この手法では, 素片の数が十分あって, 注意深く接続すると高品質な音声を生成できる. 素片は, 1 周期分の音声から, 音素, 音節, 単語までいろいろなレベルがありえる. 合成がもっとも簡単なのは, 1 周期分の音声に基づいて合成する方法である. 最初の母音/a/の中心部分を拡大する.

```
yAiueo, sr = librosa.load('boin8k.wav', sr=None)
go.Figure(go.Scatter(y=yAiueo, mode='lines+markers'))
```

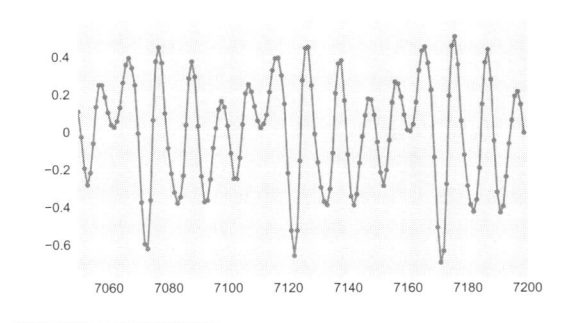

Loading [MathJax]/extensions/MathMenu.js

図 11.1 /a/の音声波形(拡大図).

ここから，なるべく大きいピークの直前の 0 から 1 周期分を抽出する．

```
pA = yAiueo[7075:7125]
fo = sr/len(pA)
print('fo = ', fo)
durSyllable = 0.5
nPeriod = int(fo*durSyllable)
IPython.display.Audio(np.tile(pA, nPeriod), rate=sr)
```

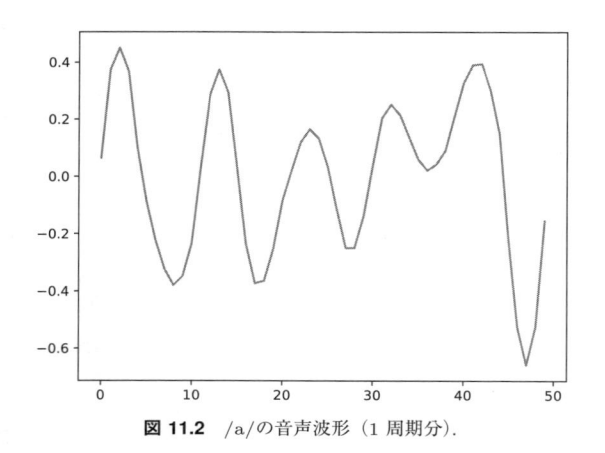

図 11.2 /a/の音声波形（1 周期分）.

この 1 周期分の音声を durSyllable 秒になるよう nPeriod 回繰り返して母音を合成している．

　基本周波数を foLow Hz 下げるためには，この 1 周期分の音声の後に，foLow に対応した周期になるように零を追加すればよい．

```
foLow = 120
nLow = int(sr/foLow)
IPython.display.Audio(np.tile(np.hstack((pA, np.zeros(nLow-len(pA)))),
                      int(foLow*durSyllable)), rate=sr)
```

　母音を続けて生成するには，1 周期分の音声のピッチを合わせて（低い方に合わすのが簡単である）長さをそろえて，遷移部で線形結合させる．

```
pI = yAiueo[15043:15090]
nVowel = max(len(pA),len(pI))
durTrans = 0.1
nPeriodTrans = int(sr*durTrans/nVowel)
unitA = np.hstack((pA.T, np.zeros(nVowel-len(pA))))
unitA = unitA/np.max(np.abs(unitA))
```

```
unitI = np.hstack((pI.T, np.zeros(nVowel-len(pI))))
unitI = unitI/np.max(np.abs(unitI))
down = np.linspace(1, 0, nVowel*nPeriodTrans)
up = np.linspace(0, 1, nVowel*nPeriodTrans)
ySynthAI = np.hstack((np.tile(unitA, nPeriod-nPeriodTrans),
                    np.tile(unitA, nPeriodTrans)*down
                     + np.tile(unitI, nPeriodTrans)*up,
                    np.tile(unitI, nPeriod-nPeriodTrans)))
IPython.display.Audio(ySynthAI, rate=sr)
```

　子音は，個別に対応する必要がある．破裂音，摩擦音は，録音した素片をほぼそのまま使う．

```
yKa, _ = librosa.load('ka48k.wav', sr=sr)
go.Figure(go.Scatter(y=yKa, mode='lines+markers'))
yKa = yKa/np.max(np.abs(yKa))
pK = yKa[500:1204]
downC = np.linspace(1, 0, nVowel)
upC = np.linspace(0, 1, nVowel)
ySynthKa = np.hstack((pK[:len(pK)-nVowel],
                    pK[-nVowel:]*downC + unitA*upC,
                    np.tile(unitA, nPeriod-nVowel)))
IPython.display.Audio(ySynthKa, rate=sr)
```

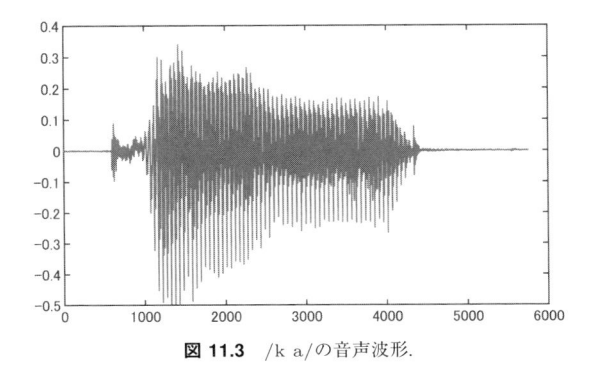

図 11.3 /k a/の音声波形.

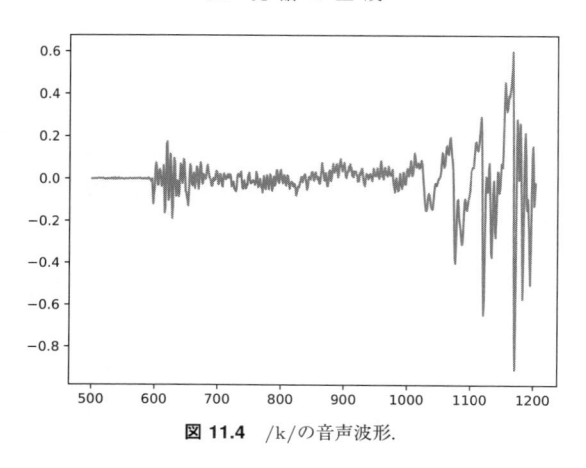

図 11.4　/k/ の音声波形.

ⅰ|||ⅰ|ⅰ.　11.2　テキスト音声変換（TTS）

　近年の TTS 技術は，深層学習の機械学習モデルを用いて，与えられたテキストから直接音声波形を生成する．WaveNet などのモデルが代表的で，これは以下のような構成になっている．

- テキストから音声の埋め込み表現（6.5 節）を生成するエンコーダ
- 埋め込み表現から音響特徴量を生成する音響モデル
- 音響特徴量から音声波形を生成するボコーダ（波形生成器）
- 生成した音声波形のピッチや音圧を制御するプロソディ生成器

TTS 技術では自然で滑らかな音声が生成できる．また，モデルのパラメータを調整することで話者の個人性や声質などを微調整したり，パラ言語を制御して感情音声や態度音声を合成するように調整することも可能である．TTS のモデルは大量のデータで訓練されているため，モデルの微調整にも多くの音声データが必要になる．計算コストが高く，実行には高い演算能力が必要なことにも注意が必要である．TTS の技術と実例については文献[46]が詳しい．

　次節ではボコーダとプロソディ生成器が行なっている処理を紹介する．

11.2.1　ボコーダによる発話速度と音高の加工

　音声パラメータから音声を生成する手法としてボコーダと呼ばれる手法があ

る．ここまでに述べたように，音声合成，変換も機械学習が主流となっているが，学習データが用意できないような状況では，直感的なパラメータで音声を生成できるボコーダを活用できることもある．ここでは，本書で紹介した音声パラメータの音声加工への利用例として WORLD[51] の Python によるラッパーである worldvocoder パッケージ[52] を用いる例を紹介する．

worldvocoder では，まず，音声を分析して，スペクトル，基本周波数，非周期成分などのパラメータを取得する．

プログラム 11.2　音声パラメータの分析とそれを用いた合成．

```
y1, fs1 = librosa.load('ja_sentence.wav', sr=None)
vocoder = wv.World()  ←①

feature1 = vocoder.encode(fs1, y1, f0_method='harvest')  ←②
plt.plot(feature1['temporal_positions'], feature1['f0'])  ←③
plt.figure()
librosa.display.specshow(20*np.log10(feature1['spectrogram']),
                         cmap='viridis', sr=fs1, x_axis='time',
                         y_axis='linear')  ←④
output1 = vocoder.decode(feature1)  ←⑤
IPython.display.Audio(output1['out'], rate=fs1)
```

まず，ボコーダを初期化して（①），音声パラメータを分析する（②）．音声パラメータとしては，基本周波数の軌跡（f0，③），スペクトログラム（spectrogram，④）などがある．decode で，パラメータから音声を合成できる（⑤）．元の音声が再生される．

worldvocoder には，発話速度や音高を定数倍で変化させるメソッドが用意されている．

プログラム 11.3　パッケージメソッドによる速度と音高の加工．

```
feature1_1 = copy.deepcopy(feature1)  ←①
feature1_1 = vocoder.scale_duration(feature1_1, 0.5)  ←②
output1_1 = vocoder.decode(feature1_1)
IPython.display.display(IPython.display.Audio(output1_1['out'],
                                              rate=fs1))
plt.plot(feature1['temporal_positions'],':')
plt.plot(feature1_1['temporal_positions'])  ←③

feature1_2 = copy.deepcopy(feature1)
feature1_2 = vocoder.scale_pitch(feature1_2, 1.5)  ←④
output1_2 = vocoder.decode(feature1_2)
plt.figure()
```

```
plt.plot(feature1_2['temporal_positions'], feature1_2['f0'])  ⇐ ⑤
IPython.display.Audio(output1_2['out'], rate=fs1)
```

worldvocoder では，deepcopy しておかないと元の音声パラメータも書き替ってしまうので注意が必要である（①）．scale_duration は発話速度を変化させるメソッドである．第 2 引数がフレームの再生間隔を変更させるパラメータで，この例の場合，再生間隔が 0.5 となるため，発話速度が 2 倍となる（②）．直観的ではないが，再生時刻を縦軸とし，横軸はフレーム番号としてプロットすると元のグラフ（点線）の高さが加工後の 2 倍となっている，つまり，加工後の方が早く再生される（つまり速くなる）ことがわかる（③）．再生するサンプリング周波数を 2 倍にすると発話速度が 2 倍となるがその場合と違い，音色や音高が変化しない．

scale_pitch は音高を変化させるメソッドである．第 2 引数が基本周波数を変更させるパラメータで，この場合は，基本周波数が 1.5 倍の値になって，声が高くなる（④）．この場合も声が高くなっても，発話速度は変化しない．加工後の基本周波数をプロットしてみると全体的に定数倍しているので形は変らないが，周波数の値は 1.5 倍になっていることがわかる（⑤）．

11.2.2　ボコーダによる歌声の加工

パラメータを部分的に修正して合成することもできる．次の例は，図 11.5 の楽譜を歌った音声の音高を平均律に合うように修正する例である．

図 11.5　「きらきら星」の冒頭部分の楽譜.

プログラム 11.4　歌声のピッチの修正.

```
y2, fs2 = librosa.load('twinkle.wav')

feature2 = vocoder.encode(fs2, y2, f0_method='harvest')
c4 = 261.6  ⇐ ①
plt.plot(1200*np.log2(feature2['f0']/c4)); plt.show()  ⇐ ②
```

```
feature2_1 = copy.deepcopy(feature2)
feature2_1['f0'][34:280] = feature2_1['f0'][34:280]*2**(80/1200)  ↩③
feature2_1['f0'][345:569] = feature2_1['f0'][345:569]*2**(70/1200)
    ↩④
feature2_1['f0'][588:708] = feature2_1['f0'][588:708]*2**(100/1200)
    ↩⑤
feature2_1['f0'][729:883] = feature2_1['f0'][729:883]*2**(70/1200)
    ↩⑥
output2_1 = vocoder.decode(feature2_1)
IPython.display.Audio(output2_1['out'], rate=fs2)
```

　この音声では図 11.5 の最初のドの音をだいたい平均律の C4（261.6 Hz）という音で歌っているので基準を C4 とした（①）．A4 のラの音を 440 Hz とした場合の平均律の正しいピッチからどのくらいずれているかを観察しやすいように，半音を 100 セントとする単位となるように基本周波数を変換してプロットした（②，図 11.6）．このプロットの 200 や 800 の前後のやや周期的な変動はビブラートと呼ばれる歌唱技法である．西洋音楽では，ビブラートは基準音を中心にセント尺度では上下対称に振動することが知られているので，その知見を頼りに「ド」「ソ」（平均律では 700 セント）「ラ」（900 セント）の部分がどのくらい平均律からずれているかを目視で判断したところ，「ド」の部分は 80 セントほど（③），「ソ」の部分は 70 セントほど（④），「ラ」の部分は 100 セント ほど（⑤）低いことがわかったため，その分を考慮して平均律に沿った音高にパラメータを変更した．

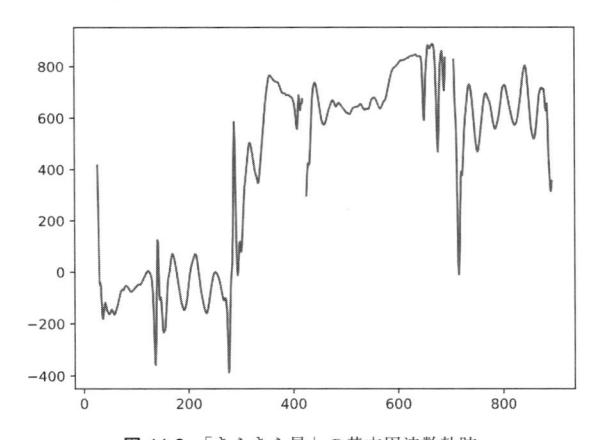

図 11.6　「きらきら星」の基本周波数軌跡．

歌声にビブラートなどの装飾的な音高の変化を施すこともできる.

プログラム 11.5　ビブラートの付与.

```
feature2_2 = copy.deepcopy(feature2)
feature2_2['f0'][34:280] = c4          ⟸①
feature2_2['f0'][345:569] = c4*2**(7/12)
feature2_2['f0'][588:708] = c4*2**(9/12)
feature2_2['f0'][729:883] = c4*2**(7/12)
plt.plot(1200*np.log2(feature2_2['f0']/c4))

ext = 2**(0.5/12)          ⟸②
rate = 5          ⟸③
feature2_2['f0'][750:883] = c4*(2**(7/12))*(ext**np.sin(2*np.pi*rate*
                    feature2_2['temporal_positions'][750:883]))          ⟸④
plt.figure()
plt.plot(1200*np.log2(feature2_2['f0']/c4))
output2_2 = vocoder.decode(feature2_2)
IPython.display.Audio(output2_2['out'], rate=fs2)
```

　ビブラート加工のため, 元々のビブラートは消去する (①). その上で, ビブラートの振幅 (エクステント) を半音の半分 (50 セント) とし (②), ビブラートの振動速度を 5 Hz として (③), 正弦波のようなビブラートをフレーズの最後の star の最後の /ar/ の部分にだけ付与した (④).

11.2.3　ボコーダによるピッチと音色の加工

　さまざまな加工を組み合わせることもできる. ピッチアクセント言語である日本語では単語などを強調するときにアクセントの部分の音高を上昇を大きくしたり, ゆっくりしゃべったり, 強くしゃべったりする. プログラム 12.2 などで利用した音声を強調してみる.

プログラム 11.6　アクセントとイントネーションの強調.

```
feature1_4 = copy.deepcopy(feature1)
s1 = 300; e1 = 410
feature1_4['f0'][s1:e1] = 2*feature1_4['f0'][s1:e1] -\
feature1_4['f0'][s1]          ⟸①
feature1_4['f0'][feature1_4['f0']<0] = 0
s2 = 465; e2 = 500
feature1_4['f0'][s2:e2] = np.linspace(feature1_4['f0'][s2],300,e2-s2)
    ⟸②
ts1 = feature1_4['temporal_positions'][s1]
feature1_4['temporal_positions'][s1:-1] = 1.5*\
feature1_4['temporal_positions'][s1:-1] - 0.5*ts1          ⟸③
```

```
plt.plot(feature1['temporal_positions'], feature1['f0'])
plt.plot(feature1_4['temporal_positions'], feature1_4['f0'])
feature1_4['spectrogram'] = feature1['spectrogram']*\
np.tile(np.linspace(1,4,feature1_4['spectrogram'].shape[1])**2,
  (feature1_4['spectrogram'].shape[0],1))  ↩④
output1_4 = vocoder.decode(feature1_4)
IPython.display.Audio(output1_4['out'], rate=fs1)
```

　この音声は「音声認識は難しいですか」と発話している．「難しい」の部分の
アクセントの部分はもともとは，50 Hz 程度の変化である．その部分を 100 Hz
ほどの変化になるように変更する（①）．文末の部分は最後に 300 Hz まで上が
るようにして疑問文であることを明確になるようにする（②）．また，「難しい」
から文の最後までは 1.5 倍程度ゆっくりしゃべるようにする（③）．さらにス
ペクトログラムの周波数成分の振幅を文末に向って徐々に大きくすることで文
末の方が強くなるように修正した（④）．図 11.7 に加工前と加工後の基本周波
数を示す．

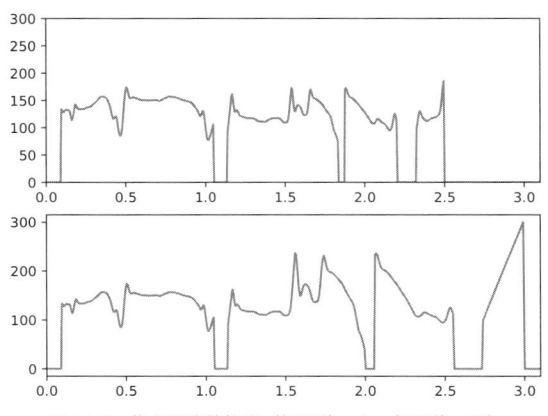

図 11.7　基本周波数軌跡（加工前：上，加工後：下）．

　最後に，同じ内容の発話対の間でイントネーションを変更する例を示す．こ
こでは，ys2 の話者のイントネーションを ys1 のイントネーションに変更して
いる．

プログラム 11.7　同一内容の発話対間の音色変換．

```
fs3 = 16000
ys1, _ = librosa.load('ja_intonation_original.wav', sr=fs3)
ys2, _ = librosa.load('common_voice_ja_24976975.mp3', sr=fs3)
fig = px.line(ys1); fig.show()
```

```
fig = px.line(ys2); fig.show()
nFFT = 1024; nShift = 80; nMels = 40; nMFCC = 13
feature3_s1 = vocoder.encode(fs3, ys1, f0_method='harvest',
                             fft_size=nFFT)
feature3_s2 = vocoder.encode(fs3, ys2, f0_method='harvest',
                             fft_size=nFFT)
mfcc_s1 = librosa.feature.mfcc(y=ys1, hop_length=nShift, sr=fs3,
                             n_fft=nFFT, window=np.hanning(nFFT),
                             n_mels=nMels, n_mfcc=nMFCC) ⇦ ①
mfcc_s2 = librosa.feature.mfcc(y=ys2, hop_length=nShift, sr=fs3,
                             n_fft=nFFT, window=np.hanning(nFFT),
                             n_mels=nMels, n_mfcc=nMFCC) ⇦ ②
alignment = dtw.dtw(mfcc_s2.T, mfcc_s1.T, keep_internals=True,
    step_pattern=dtw.rabinerJuangStepPattern(6, "c")) ⇦ ③
alignment.plot() ⇦ ④
tSpec = np.zeros(feature3_s1['spectrogram'].shape)
for idx in np.unique(alignment.index2): ⇦ ⑤
  tSpec[:,idx] = np.mean(feature3_s2['spectrogram']
    [:,alignment.index1[alignment.index2==idx]],axis=1)
feature_t = copy.deepcopy(feature3_s1)
feature_t['spectrogram'] = tSpec
foS1 = np.sum(feature3_s1['f0'])/np.sum(feature3_s1['f0']>0)
foS2 = np.sum(feature3_s2['f0'])/np.sum(feature3_s2['f0']>0)
feature_t = vocoder.scale_pitch(feature_t, foS2/foS1)
output_t = vocoder.decode(feature_t)
IPython.display.Audio(output_t['out'], rate=fs3)
```

　ここでは，MFCC の距離で同一音韻のフレームを推定している．まず，それ
ぞれの話者の発話のフレームごとの MFCC を求める（①, ②）．2 つの発話を
伸縮させて対応をとるために，DP マッチングを用いる（③）．ここでは，dtw
パッケージを用いた．DP マッチングの結果を図 11.8 に示す．横軸が ys1 の
MFCC のフレーム縦軸が ys2 の MFCC のフレームに対応する．図 11.8 を
拡大したのが図 11.9 である．例えば，x 軸が 5 の値のところで y 軸の 9 と
10 の値が対応している．このようにして，y 軸の MFCC を縮めて x 軸に対応
させている．同様に，y 軸の 16 の値のところでは，x 軸の MFCC を縮めて y
軸に対応させている．

　ys1 の基本周波数の軌跡の形はそのままに音色と音高を ys2 のものに変更
するため，tSpec に変更用のスペクトログラムを作成する．対応グラフ（④）
を見ればわかるように 1 つのフレームが複数のフレームに対応する箇所がある
（グラフを拡大したときに，垂直，水平になる箇所）ので，そのような箇所では

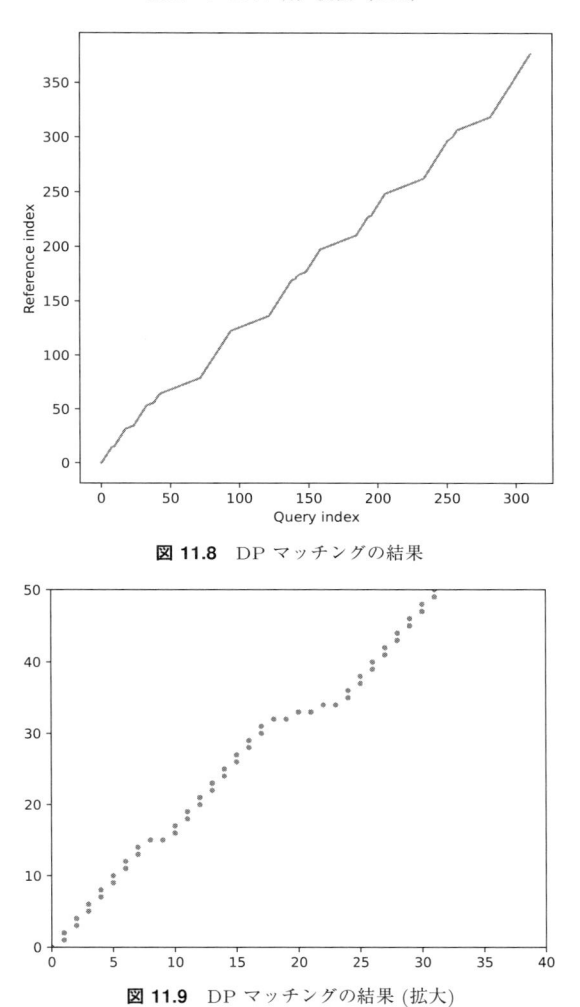

図 11.8 DP マッチングの結果

図 11.9 DP マッチングの結果 (拡大)

複数フレームの平均をとって対応させて tSpec を生成する（⑤）. 比較して聞いてみると，それなりに変換できていることがわかる.

ⅲⅲ. **11.3　音声テキスト変換（STT）**

　近年の音声認識技術は，長い音声波形から直接テキストを生成するエンドツー
エンド音声認識が主流である（コラム 7 参照）．Whisper などのモデルが代表
的で，特に自己教師学習（Self-Supervised Learning）を活用した深層学習モデ
ルは，高精度なアノテーションを行わなくても大量の音声データで訓練可能で
ある．これらのモデルは以下のような構成になっている．

- 単語や文章の時系列も考慮して音声波形から埋め込み表現（6.5 節）を生
  成するエンコーダ
- 埋め込み表現から文脈に基づいたテキストを生成するデコーダ

近年では雑音下でも，カジュアルなくだけた発話であっても，かなり正確に音
声認識ができるようになってきている．一方で計算コストが高いこと，大量の
データを用意する必要があること，またデータの統計的特徴に基づいて訓練す
ることが前提になるため，元の音声データの収録条件や発話条件に偏りがあっ
た場合，モデルの出力も偏ってしまうドメイン依存性の問題がある [*1]．

ⅲⅲ. **11.4　発話タイミングの推定**

　コンピュータが人と自然な対話を行うためには，音声を発話するタイミング
の推定も重要である．相手がまだ話し終わっていないタイミングで話し出して
しまったり，相手と同時に話し出してしまったり，相手が話し終わっているの
に無言のままだったりすると，対話が不自然でぎこちないものになってしまう．
適切な発話タイミングを推定するための技術を，話者交替推定あるいはターン
テイキング認識などと呼ぶ．

　人同士の対話の場合，対話の参加者はお互いに，現在の主な話し手（発話ター
ンの保持者）が誰で，いつどのタイミングなら話し手を交替することができる

[*1]　ドメインに依存した音声認識誤りを改善するために，より多くのドメインを網羅した大量のデー
　　　タを用意する以外にも，大規模言語モデル（LLM）が持つドメイン知識を利用して，LLM に
　　　認識結果を評価させるなど，さまざまな方法が研究されている．

かに関する情報をやりとりしている．10.3 節で学んだ談話行為の中に「発話順番管理」というカテゴリがあったことを思い出そう（表 10.1）．現在誰が発話のターンを保持しているのかを示し，話し手がいつ発話の順番（ターン）を終えそうかを相手に伝え，次はどのタイミングで誰が発話のターンを得るかを調整するのは，会話の持つ重要な機能の 1 つである．話し手が対話中に用いている，話者交替に関する手がかり情報を表 11.1 にまとめた．

表 11.1 英語において話し手が用いる，話者交替の手がかり（文献[47]，Table 1）．

シグナルの種類	ターン譲渡のシグナル	ターン維持のシグナル
言語情報	構文の完了	構文が未完了
		フィラーをともなう沈黙
韻律	上昇または下降ピッチ	平坦なピッチ
	小さな音の強さ	大きな音の強さ
吐息（ブレス）	息を吐く	息を吸う
視線	聞き手を見る	聞き手から目をそらす
ジェスチャー	ジェスチャーを止める	ジェスチャーをする

　話し手がもう話し終わっても良いと思っている（ターンを譲渡したい）場合，あるいはまだ話し続けたいと思っている（ターンを維持したい）場合，話し手は前後の文脈や構文などの言語情報，韻律などのパラ言語情報だけでなく，吐息や視線などの非言語・非音声情報（図 10.1）も使って聞き手に情報を送る．これらの手がかり情報は一部のみが使われることもあるし，複数が同時に使われることもある．一方聞き手側も，適当なタイミングであいづちをうったり（あいづちは話し手のターンの維持を承認する行動と解釈される），非言語・非音声情報を使って発話ターンの維持・交替要求を話し手に伝えている．

　いつどのタイミングでの話者交替が適切かや，どのような手がかり情報を使うべきかは，話者のスピーチスタイルやドメイン（10.5 節）によっても異なる．例えばカジュアルな日常会話では，話し手の発話が終わった直後，あるいは話し手が話し終わる前に話者交替が起こることが多い．一方フォーマルな会話においては，話し手が話し終わって一呼吸おいてから話者交替は起こることも多い [*2]．

　話者交替を研究するためには，2〜複数人の話者による対話音声が収録され

[*2]　フォーマルな会話において交替のタイミングが早すぎると，聞き手が話し手の話を十分に検討していないと解釈され，不適切とみなされる場合もある．

たコーパスが必要である．対話音声コーパスはあまり多くないが，「日本語話し言葉コーパス」[5)] には合計 12 時間の対話音声が収録されている [*3)]．「千葉大学 3 人会話コーパス（合計 2 時間）[48)]」「日本語日常会話コーパス（合計 200 時間）[49)]」は複数人による音声対話データが収録されており，対話研究のために必要な長い発話単位（10.1 節）や談話行為（10.3 節）のアノテーションも含まれる [*4)]．

ⅠⅠⅠⅠⅠⅠ. 11.5　音声対話システムのしくみ

　音声を使って人と対話可能な情報処理システムのことを，音声対話システム（Spoken Dialog System, SDS）と呼ぶ．音声対話システムには，特定の課題の解決に特化したタスク指向システム（電話予約システムや，道案内システムなど）と，対話を継続することそのものが目的の非タスク指向システム（雑談対話システムなど）に大別できる．図 11.10 は，タスク指向の音声対話システムの基本的な構成図である．初めに，システムのマイクに向かって喋ったユーザ発話に対して，音源分離（雑音除去）や発話区間検出を実施して発話音声を取

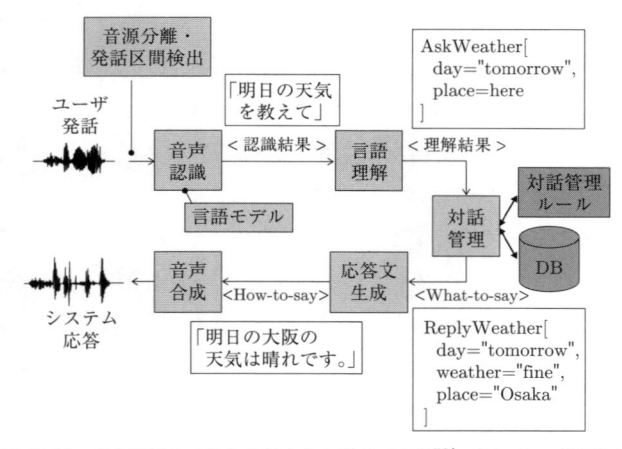

図 11.10　音声対話システムの基本的な構成（文献[50)]，図 1 に一部追加）.

り出す．発話音声に対して音声認識を実行し，発話のテキストを得る[*5]．得られたテキストを言語理解にかけ，課題に対するユーザの意図を解釈する[*6]．対話管理部がタスク解決のための検討を行う．その結果が応答文のテキストとして出力される．音声合成によって音声に変換され[*7]，システム応答発話としてスピーカーから再生される．これで人と機械の 1 回のコミュニケーションが実現する．

　図 11.10 は，1 章で紹介した人どうしの双方向コミュニケーションの概要図（図 1.1）とよく対応することに気がつくだろうか．聞き手の情報処理のプロセスが，そのまま機械に置き換わっているといえる．

　近年では大規模言語モデル（LLM）の登場により，言語理解から応答文生成にかけての汎用性が大幅に高まり，ユーザがどのような話し方でシステムに話しかけても柔軟にユーザの意図を理解して，自然で適切な応答文を生成することが可能になってきた．Open AI 社のスマートフォンアプリ「ChatGPT」では，LLM ベースのシステムとの音声対話を気軽に体験することができる．

　本書では音声対話システムの Python プログラムは詳しく扱わないが，文献[1]が大変詳しい．LLM を特定のドメインに適応学習（ファインチューニング）したり，独自のルールを定義した対話管理モジュールと併用したりすることで，汎用性の高いタスク指向システムも簡単に開発できるようになってきている．

章 末 問 題

1) 11.1 節で紹介した方法で，録音した自分の音声から 5 母音を生成せよ．

2) Item 1 のデータを用いて元より低い高さの音声を生成せよ．

[*5]　音声をテキストに起こす過程で，ユーザのパラ言語情報が失われてしまう．近年では，パラ言語認識技術（10 章参照）を併用したりエンドツーエンド音声認識に組み込むことによって，パラ言語情報も理解可能な対話システムも開発されている．

[*6]　言語理解とは，ユーザ発話テキストを自然言語処理して，その意味内容を抽出する技術である．近年では，談話行為認識技術（10.3 節参照）とも組み合わせて，ユーザ発話の詳細な意図・態度を解釈する技術の研究も進んでいる．

[*7]　テキストから音声を合成する過程で，システムの話者性やシステムのパラ言語情報（韻律によって表現されるシステムの意図や態度など）を付与する音声合成技術も研究されている．

3) 11.1 節の方法で，子音を含む適当な音節を 2 種類の高さで生成せよ．

4) 11.1 節の方法で，/k/，/t/，/a/ の 3 つの素片から「肩」，「カッター」という 2 つの単語音声を生成せよ．

5) 11.1 節の方法で，5 音節以上の単語音声を生成せよ．

6) 日本語のアクセントは音節の高さが変化する．例えば，「貝」という単語は「か」が高く，「い」は低い．11.1 節の方法で，アクセントを実現して適当な単語音声を生成せよ．単語のアクセントについては，NHK 日本語発音アクセント新辞典 https://www.nhk.or.jp/bunken/accent/index.html などに掲載されている．

7) 11.1 節を利用して，文章の音声を生成するプログラムを作成せよ．なるべく自然な発声になるように工夫せよ．

8) webrtcvad の example.py もしくは python-vad の vad.py を動かして適当な発話を録音してみよ．

9) IBM Watson の Text to Speech API を用いて，Text to Speech API が読み間違えるような文を 3 つ探せ．どのような文をどのように読み間違えたか具体的に示すこと．

10) IBM Watson の Speech to Text API を用いて，自立語（名詞や動詞，形容詞など）が認識誤りを起こす発話を 3 種類以上探し，録音せよ．どのような発話がどのように誤ったか具体的に示せ．

11) IBM Watson の Assistant API を用いて，チャットふうの対話を実現せよ．システム側から会話をはじめて，5 ターン（システム，ユーザ，交互にそれぞれ 5 発話，計 10 発話）以上になる対話を実現せよ．実現した対話例を示せ．

12) webrtcvad を用いて，マイクに向かってしゃべった音声を VAD により切り出して適当なファイル名の WAV ファイルに書き出す関数 vad('ファイル名') を含む自作パッケージを作成せよ（python-vad を参考にしてもよい）．

13) Text to Speech API，Speech to Text API，Assistant API webrtcvad を

用いて，音声対話システムを作成せよ．`webrtcvad` で音声を自動切り出しし，適当な WAV ファイルに格納し，そのファイルを Speech to Text API で認識し，文字列にする．その文字列を入力として，Assistant API で応答文を生成し，そのテキストを Text to Speech API で音声ファイルに変換し，その音声ファイルを再生する，という構成で作成するのが簡単である．

文　　献

1) 山本　敦. HTC のフラグシップスマホ「HTC U11」速攻サウンドレポート. USB 直結デジタルイヤホンを聴く.
   https://www.phileweb.com/review/article/201705/17/2538.html (2017).
2) 榊原健一, 河原英紀, 水町光徳. 利用価値の高い音声データの録音手順. 日本音響学会誌, Vol. 76, No. 6, pp. 343–350 (2020).
3) 小野一穂, 杉本岳大, 濱崎公男. 放送で用いられるマイクロホン─収音条件の観点から─. 電子情報通信学会 基礎・境界ソサイエティ Fundamentals Review, Vol. 5, No. 4, pp. 329–339 (2012).
4) Ardila, R., Branson, M., Davis, K., Kohler, M., Meyer, J., Henretty, M., Morais, R., Saunders, L., Tyers, F. M. and Weber, G. Common Voice: A Massively-Multilingual Speech Corpus. Proceedings of the Twelfth International Conference on Language Resources and Evaluation (LREC), pp. 4218–4222 (2020).
5) Maekawa, K. Corpus of spontaneous japanese: Its design and evaluation. Proceedings of The ISCA & IEEE Workshop on Spontaneous Speech Processing and Recognition (SSPR 2003), pp. 7–12 (2003).
6) 豊住頼一. 脊椎動物における発声器官の比較解剖と系統進化. 耳鼻と臨床, Vol. 31, No. 1, pp. 47–68 (1985).
7) 榊原健一, 竹本浩典, 北村達也. Q&A コーナー「先日の国際会議で海外の研究者が基本周波数のことを「エフ・オー」と発音していましたが, そういった言い方もあるのでしょうか。」. 日本音響学会誌, Vol. 73, No. 5, p. 301 (2017).
8) International Phonetic Association. Handbook of the International Phonetic Association: A Guide to the Use of the International Phonetic Alphabet. Cambridge University Press (1999).
9) 前川喜久雄, 菊池英明, 藤本雅子, 米山聖子, 西川賢哉. 『日本語話し言葉コーパス』の分節音ラベリング Version 1.1 (2011).
10) 伊藤健一 (編). デシベルのはなし. 日刊工業新聞社 (1990).
11) Portnoff, M. R. A quasi-one-dimensional digital simulation for the time-varying vocal tract, MIT. Dept. of Electrical Engineering. Thesis (1973).
12) Rabiner, L. R. and Schsfer, R. W. Theory and Applications of Digital Speech Processing, Pearson (2011).
13) Rosenberg, A. E. Effect of Glottal Pulse Shape on the Quality of Natural Vowels. The Journal of the Acoustical Society of America, Vol. 49, No. 2, pp. 583–590 (1971).
14) Arai, T. The Replication of Chiba and Kajiyama's Mechanical Models of the

Human Vocal Cavity, 音声研究, Vol. 5, No. 2, pp.31–38 (2001).

15) 鹿野清宏, 東倉洋一, 中川聖一. 音声・聴覚と神経回路網モデル. 甘利俊一 (監修), 臼井史朗, 岡部洋一 (編集), ニューロサイエンス&テクノロジーシリーズ. オーム社 (1990).

16) Fletcher, H. Auditory patterns. Reviews of Modern Physics, Vol. 12, No. 1, pp. 47–65 (1940).

17) Moore, B. C. J. and Glasberg, B. R. Suggested formulae for calculating auditory-filter bandwidths and excitation patterns. The Journal of the Acoustical Society of America, Vol. 74, No. 3, pp. 750–753 (1983).

18) Stevens, S. S., Volkmann, J. and Newman, E. B. A scale for the measurement of the psychological magnitude pitch. The Journal of the Acoustical Society of America, Vol. 8, No. 3, pp. 185–190 (1937).

19) Stevens, S. S. and Volkmann, J. The Relation of Pitch to Frequency: A Revised Scale. The American Journal of Psychology. Vol. 53, No. 3, pp. 329-353 (1940).

20) 大串健吾. 音のピッチ知覚. 日本音響学会 (編), 音響サイエンスシリーズ 15. コロナ社 (2016).

21) Schwarz, D. and Rodet, X. Spectral envelope estimation and representation for sound analysis-synthesis. International Conference on Mathematics and Computing (1999).

22) Boë, L. J., Vallée, N., Schwartz, J. L. and Abry, C. The nature of vowel structures. Acoustical Science and Technology, Vol. 23, No. 4, pp. 221–228 (2002).

23) ルイ-ジャン ボエ, ナタリー ヴァレ, ジャン-リュック シュワルツ, クリスチャン アブリィ. (全訳：加藤宏明). 言語における母音体系の普遍的性質. 日本音響学会誌, Vol. 58, No. 7, pp. 450–458 (2002).

24) Kuhl, P. K. Early language acquisition: Cracking the speech code. Nature Reviews Neuroscience, Vol. 5, No. 11, pp. 831–843 (2004).

25) 中田和男. 音声 改訂. 日本音響学会 (編), 音響工学講座 7. コロナ社 (1995).

26) 吉田友敬. 言語聴覚士の音響学入門 2 訂版. 海文堂出版 (2020).

27) Barreda, S. Fast Track: fast (nearly) automatic formant-tracking using Praat, Linguistics Vanguard (2021).

28) Furui, S. Speaker-independent isolated word recognition using dynamic features of speech spectrum. IEEE Transactions on Acoustics, Speech, and Signal Processing, Vol. 34, No. 1, pp. 52–59 (1986).

29) 窪薗晴夫, 守本真帆 (編). プロソディー研究の新展開. 開拓社 (2022).

30) 五十嵐陽介, 菊池英明, 前川喜久雄. 日本語話し言葉コーパスの構築法 第 7 章 韻律情報. 国立国語研究所報告書, Vol. 124, pp. 347–454 (2006).

31) 小磯花絵, 菊池英明, 山田高明. 『日本語日常会話コーパス』への韻律ラベリング―ラベリングの設計と日常会話の韻律の特徴―. 人工知能学会研究会資料 言語・音声理解と対話処理研究会, Vol. 88, p. 8 (2020).

32) NHK 放送文化研究所 (編). NHK 日本語発音アクセント新辞典. NHK 出版 (2016).

33) 金礪　愛, 菊池英明. 歌唱音声における声質の特徴と想起される色の関係. 日本感性工学会論文誌, Vol.17, No.1, pp. 109–118 (2018).

34) 山本雄也, 中野倫靖, 後藤真孝, 寺澤洋子, 平賀　譲. ポピュラー音楽における模倣歌唱を用いた歌唱テクニックの頻度・特徴・生起箇所の分析. 情報処理学会研究報告, Vol. 2021-MUS-132, No. 20 (2021).

35) Xin, D., Jiang, J., Takamichi, S., Saito, Y., Aizawa, A. and Saruwatari, H. Jvnv: A corpus of japanese emotional speech with verbal content and nonverbal expressions. arXiv:2310.06072 (2023).

36) Japanese Discourse Research Initiative (JDRI). 発話単位ラベリングマニュアル version 2.1. (2017).

37) Bunt, H., Alexandersson, J., Choe, J.-W., Fang, C. A., Hasida, K., Petukhova, V., Popescu-Belis, A. and Traum, D. ISO 24617-2: A semantically-based standard for dialogue annotation. Proceedings of the Eighth International Conference on Language Resources and Evaluation (LREC), pp. 430–437 (2012).

38) 小磯花絵 (編). 話し言葉コーパス—設計と構築—. 前川喜久雄 (監修), 講座日本語コーパス 3. 朝倉書店 (2015).

39) 森　大毅, 粕谷英樹, 前川喜久雄. 音声は何を伝えているか—感情・パラ言語情報・個人性の音声科学—. 日本音響学会 (編), 音響サイエンスシリーズ 12. コロナ社 (2014).

40) Russell, J. A. A circumplex model of affect. Journal of Personality and Social Psychology, Vol. 39, No. 6, pp. 1161–1178 (1980).

41) 石井カルロス寿憲, 石黒浩, 萩田紀博. 韻律および声質を表現した音響特徴と対話音声におけるパラ言語情報の知覚との関連. 情報処理学会論文誌, Vol. 47, No. 6, pp. 1782–1792 (2006).

42) Snyder, D., Garcia-Romero, D., Sell, G., Povey, D. and Khudanpur, S. X-vectors: Robust dnn embeddings for speaker recognition. Proceedings of International Conference on Acoustics, Speech, and Signal Processing (ICASSP) (2018).

43) Sell, G., Snyder, D., McCree, A., Garcia–Romero, D., Villalba, J., Maciejewski, M., Manohar, V., Dehak, N., Povey, D., Watanabe, S. and Khudanpur, S. Diarization is hard: Some experiences and lessons learned for the JHU team in the inaugural dihard challenge. Proceedings of the Annual Conference of the International Speech Communication Association (INTERSPEECH), pp. 2808–2812 (2018).

44) Scherer, K. R. Vocal affect expression: A review and a model for future research. Psychological Bulletin, Vol. 99, No. 2, pp. 143–165 (1986).

45) 前川喜久雄, 西川賢哉. 『日本語話し言葉コーパス』への声質情報付与と予備的分析. 言語資源活用ワークショップ発表論文集, pp. 205–221 (2019).

46) 山本龍一, 高道慎之介. Python で学ぶ音声合成 機械学習実践シリーズ, インプレス (2021).

47) Skantze, G. Turn-taking in conversational systems and human-robot interaction: A review. Computer Speech & Language, Vol. 67, p. 101178 (2021).

48) 伝康晴, 榎本美香.『千葉大学 3 人会話コーパス』使用説明書 Release 1 (2014). http://research.nii.ac.jp/src/Chiba3Party.htm

49) 小磯花絵, 天谷晴香, 居關友里子, 臼田泰如, 柏野和佳子, 川端良子, 田中弥生, 伝康晴, 西川賢哉, 渡邊友香.『日本語日常会話コーパス』設計と特徴『国立国語研究所論集』24, pp.153–168 (2023).

50) 駒谷和範. 音声対話システムの構成と今後. パテント, Vol. 72, No. 8, pp. 92–101 (2019).

51) Morise, M., Yokomori, F. and Ozawa, K. World: a vocoder-based high-quality speech synthesis system for real-time applications. IEICE transactions on infor-

mation and systems, E99-D, 7, pp. 1877–1884 (2016).

52) Dinh, T., Kain, A. and Tjaden, K. Using a manifold vocoder for spectral voice and style conversion. Proceedings of the Annual Conference of the International Speech Communication Association (INTERSPEECH) pp. 1388–1392 (2019).

索　　引

数字・欧文

2 気柱モデル　58, 68, 93
2 乗平均平方根　84, 154, 161
Audacity　5
BPM　→　発話末イントネーション
CB　→　臨界帯域幅
Close　22
Common Voice　13, 18, 114, 132, 169
DFT　→　離散フーリエ変換
DNN　→　深層学習
DP　→　動的計画法
ERB　→　等価矩形帯域幅
F_1 (F_{R1})　→　フォルマント
F_2 (F_{R2})　→　フォルマント
F_1/F_2 平面　→　フォルマント空間
f_o　→　基本周波数
GMM　→　混合ガウス分布モデル
HMM　→　隠れマルコフモデル
HPS 法　146
IPU　→　間休止単位
ISO24617-2　158
Julius　115
JVNV コーパス　153, 162, 164
LLM　→　言語モデル
LPC　→　線形予測符号化
LUU　→　長い発話単位
MFA　115
MFCC　→　メル周波数ケプストラム係数
NLP　3, 158

Open　22
Praat　17, 115, 157
RMS　→　2 乗平均平方根
RNN　→　リカレントニューラルネットワーク
STFT　→　短時間フーリエ変換
TCU　→　ターン構成単位
VAD　→　発話区間検出
WaveNet　180
Whisper　188
X-JToBI　142
x-vector　169

あ 行

あいづち　160
アカペラ　149
アクセント　15, 141, 184
アラインメント　17, 115
アンチフォルマント　128

異音　29, 128
位相　33
意図　1, 159, 165, 191
インテンシティ　161
咽頭　21, 51
イントネーション　13, 141, 153, 160, 165, 184
インパルス　58, 94
韻律　91, 141, 165, 191

歌声　148
埋め込み表現　180, 188
裏声　38, 46, 148

英語　22, 50, 112
演技　160

エンコーダ　180, 188

オクターブ　76, 148
音の高さ (高音)　20, 75, 148, 180
音の強さ　32, 41, 143, 161, 162
音圧　52, 75, 154, 161
音韻　15, 131
音楽　20, 148, 183
音響モデル　180
音源フィルタ理論　47
音源分離　157, 190
音色　10, 20, 43, 51, 184
音声合成 (生成)　94, 167, 177, 191
音声対話システム　190
音声テキスト変換 (STT)　188
音声認識　18, 29, 72, 106, 131, 188
音声表記　29
音節　91, 124, 143, 161
音素　12, 15, 21, 27, 90, 93, 106, 114, 129
音速　52
音素表記　29
音調　→　トーン

か 行

開口度　22, 61, 111
外耳　70, 76
ガウス分布　→　正規分布
蝸牛　70, 73, 82, 92
隠れマルコフモデル　91
歌唱音声　→　歌声
楽器音　20, 148
感覚量　20, 141, 148

間休止単位　154
感情　12, 153, 160

気管　20
気柱　20, 51, 58
基底膜　70, 73, 82
基本周波数　19, 32, 44, 48,
　59, 73, 95, 103, 141, 146,
　148, 161, 181
逆フーリエ変換　97, 106
共鳴音　24
共鳴周波数　60, 111

矩形窓　40
クリッピング　4

ケプストラム　97, 115, 147
ケフレンシー　99
言語モデル　91, 188, 190
言語理解　93, 191

口蓋垂　21, 24
口腔　20, 21, 61, 128
硬口蓋　21, 24, 27, 127
口唇　48, 61, 72
後舌　20
広帯域スペクトル　46, 65
後部歯茎　21, 24, 128
声の高さ　14, 20, 32, 48, 63,
　75, 148
国際音声記号（IPA）　21, 29
個人性　13, 167
コーパス　13, 28, 114, 132,
　153, 162, 190
混合ガウス分布モデル　120,
　131

さ 行

雑音　127, 157, 190
残響　2, 157
サンプリング周波数（レート）
　4, 7, 15, 36, 37, 44

歯音　24
時間スケール　91, 134
歯茎　21, 127
地声　148

自己教師学習　188
自己相関　144
自己注意機構　91
歯擦音　23
自然言語処理　3, 158, 191
舌先　21, 129
舌の位置　21, 62, 111
周期　10, 14, 41, 55, 64, 97,
　144, 183
周波数応答　53, 72, 73, 82,
　95
周波数解像度　38, 44, 77, 82
純音　33, 75
唇歯　24
深層学習　85, 91, 169
振幅　9, 14, 31, 33, 43, 46,
　53, 74, 162, 184
振幅スペクトル　33, 37
心理量　→　感覚量

ステレオ　5
スピーチスタイル　166, 189
スピーチレジスタ　166
スペクトル包絡　32, 83, 102,
　131
スペクトログラム　16, 25, 43,
　63, 84, 126, 181

正規分布　118, 120
声区　148
正弦波　33, 37
声帯　19, 23, 32, 47, 52, 55,
　60, 94, 99, 127, 147
帯域通過フィルタ　77
声帯パルス　55
声道　15, 20, 47, 51, 56, 60,
　72, 93, 100, 111, 125, 147
声門　21, 55, 112, 128
セグメンテーション　17, 114
接近音　129
舌端　20
遷移部　130, 136, 178
線形予測符号化　102
前舌　20

阻害音　24
促音　27

た 行

対数　41, 43, 82, 97, 121,
　146, 150, 164
対数振幅スペクトル　41, 64,
　97, 106
体積速度　53
態度　12, 143, 165
ダウンサンプリング　4, 30
ダウンステップ　143
畳み込み　94
ターン構成単位　153
短時間フーリエ変換　42, 47
ターンテイキング認識　188
断面積　20, 51, 60
談話行為　158, 189

千葉大学 3 人会話コーパス
　190
チャンネル　4
中耳　70
中心周波数　74, 80
中舌　20
長音　27
調音位置　23, 60, 126
調音器官　12, 129
調音結合　113, 129, 176
調音方法　23, 90, 125
聴覚　20, 70, 76, 85, 92
聴覚フィルタ　74, 85
長子音　27, 29
長母音　27, 29
直流成分　34

テキスト音声変換（TTS）　180
デコーダ　188
デシベル（dB）　43, 54, 75,
　84, 161
デルタ特徴量（デルタ MFCC）
　136
伝達関数　48

等価矩形帯域幅　75
動的計画法　91, 186
動的特徴　134
特殊拍　125
ドメイン　164, 166, 188

トーン　142

な 行

内耳　70, 73, 92
内的状態　160
長い発話単位　154, 190
軟口蓋　21, 24, 61, 127

日本語日常会話コーパス　190
日本語話し言葉コーパス　18,
　27, 114, 190

は 行

倍音　32, 41, 44, 48, 59, 96,
　146
ハイレゾ　7
破擦音　23, 128
はじき音　25, 129
バースト　127
パーセバルの定理　105
発話区間検出　154, 167, 192
発話速度　149, 161, 180
発話末イントネーション　143
パラ言語　152, 160, 165, 189
パルス　20, 55, 58
破裂音　23, 126, 179
パワースペクトル　41
半母音　23, 129
ハン窓　17, 37

鼻音　23, 128
鼻腔　20, 21, 128
非言語　152, 158, 162, 189
ピッチ　20, 75, 143, 148,
　166, 178, 182
ビブラート　149, 183
微分フィルタ　72
鼻母音　128
標本化定理　7, 36

ファルセット　148
フィラー　160
フィルタバンク　77, 80

フォルマント　22, 45, 60,
　101, 110, 119, 129
フォルマント空間　111, 116,
　119, 130, 166
複合音　20, 33, 48
複合波　31, 33, 39, 97
物理モデル　51, 65
物理量　20
プリエンファシス　72, 103
フレーム　39, 90, 115, 133,
　154, 172, 182, 186
プロソディ　141, 180
プロミネンス　144
分析窓幅　45, 63
文末表現　154, 165
文脈　15, 160, 188

閉鎖　46, 126
閉鎖区間　127
偏微分方程式　52
弁別素性　125

ボイスバー　25, 126
母音　5, 10, 15, 21, 37, 43,
　47, 51, 83, 90, 110, 124,
　148, 166, 177
放射特性　72
ボコーダ　180, 184
ホワイトノイズ　77

ま 行

マイクロホンアレイ　167
摩擦音　23, 127, 179
窓関数（窓かけ）　37, 64, 98,
　115
マルチマイク　157

無声化　130
無声区間　154

メル　75
メル周波数ケプストラム係数
　106, 131, 169, 186

メルスペクトル　82, 106, 131
メルスペクトログラム　84

モーダル　148
モノラル　5
モーラ　28, 125, 143

や 行

有声音　23, 25
有声区間　154, 161
有毛細胞　70

拗音　21, 27, 125
抑揚　141, 152
余弦波　33, 37

ら 行

ラプラス変換　54

リカレントニューラルネット
　ワーク　91
離散コサイン変換　106
離散フーリエ変換　35, 39, 77,
　82, 90, 95
リズム　125, 141
流音　23
量子化ビット数　4, 32
両唇　21, 127
臨界帯域幅　74

録音レベル　4, 32, 38
ローゼンベルグ波　55

わ 行

話者交替　176, 188
話者識別　168
話者照合　168, 171
話者性　167
話者ダイアライゼーション
　168, 172
わたり音　23
わたり部　→　遷移部

著者略歴

い とう かつ のぶ
伊 藤 克 亘

1993 年　東京工業大学大学院理工学研究科博士課程修了
現　　在　法政大学情報科学部・教授
　　　　　博士（工学）
著　　書　『Python で学ぶ実践画像・音声処理入門』（共著, コロナ社, 2018）
　　　　　『MATLAB で学ぶ実践画像・音声処理入門』（共著, コロナ社, 2019）

みや ざわ こう き
宮 澤 幸 希

2012 年　早稲田大学大学院人間科学研究科博士後期課程修了
現　　在　フェアリーデバイセズ株式会社研究開発部・サイエンティスト
　　　　　博士（人間科学）

Python で学ぶ音声コミュニケーション情報処理

定価はカバーに表示

2025 年 5 月 1 日　初版第 1 刷

著　者　伊　藤　克　亘
　　　　宮　澤　幸　希
発行者　朝　倉　誠　造
発行所　株式会社 朝　倉　書　店

東京都新宿区新小川町 6–29
郵便番号　162–8707
電　話　03（3260）0141
ＦＡＸ　03（3260）0180
https://www.asakura.co.jp

〈検印省略〉

©2025〈無断複写・転載を禁ず〉　　　　印刷・製本　藤原印刷

ISBN 978–4–254–12302–9　C 3004　　Printed in Japan

JCOPY ＜出版者著作権管理機構 委託出版物＞

本書の無断複写は著作権法上での例外を除き禁じられています. 複写される場合は,
そのつど事前に, 出版者著作権管理機構（電話 03-5244-5088, FAX 03-5244-5089,
e-mail : info@jcopy.or.jp）の許諾を得てください.

Python によるシミュレーションモデリング

Giuseppe Ciaburro(著)／黒川 利明 (訳)

A5 判／368 頁　978-4-254-12301-2 C3004　定価 5,940 円（本体 5,400 円＋税）

さまざまな統計的シミュレーションを Python で実践．数値計算の基礎から，シミュレーションモデルの習得，実際の問題解決へ〔内容〕乱数／確率／モンテカルロ法／マルコフ決定過程／リサンプリング手法／最適化／進化システム入門／金融工学／ニューラルネットワークと物理現象／プロジェクト管理／動的な系における故障診断

Python 時系列分析クックブック II －モデル・機械学習－

T. A. Atwan(著)／黒川 利明 (訳)

A5 判／256 頁　978-4-254-12295-4 C3004　定価 3,960 円（本体 3,600 円＋税）

時系列データの前処理を紹介した I 巻に続き，基本的なモデルや機械学習など，Python で実践．〔内容〕探索的データ分析／一変数時系列モデル／多変量時系列データの予測／教師あり学習／深層学習／教師なし学習による外れ値検出／状態空間モデル／他

TikZ による LaTeX グラフィックス

Stefan Kottwitz(著)／黒川 利明 (訳)

B5 判／208 頁　978-4-254-12305-0 C3004　定価 4,400 円（本体 4,000 円＋税）

LaTeX 上での作図ガイド〔内容〕はじめに／最初の画像／ノードの位置と描画／辺と矢印／スタイルと画像の読み込み／木とグラフ／塗りつぶし，クリッピング，グラデーション／パスの豊かな表現／レイヤー，オーバーレイ，透明／座標とパスの計算／座標とキャンバスの変換／滑らかな曲線／ 2D および 3D でのプロット／各種チャート／ TikZ を楽しもう

演習でまなぶ情報処理の基礎 改訂版

稲岡 秀検 (編著)／有阪 直哉・鶴田 陽和 (著)

B5 判／176 頁　978-4-254-12307-4 C3004　定価 3,410 円（本体 3,100 円＋税）

パソコンの基本的な仕組みと使い方を，演習問題で手を動かしながら学ぶ．学部初年級向け教科書．ウェブアプリケーションにも対応．〔内容〕コンピュータとインターネット／インターネット上のサービスと情報リテラシー／ワープロ／表計算／プレゼンテーション／HTML と CSS ／データ表現／プログラミング入門（Python）／他

データ構造とアルゴリズム －上達のための基本・常識－

Jay Wengrow(著)／黒川 利明 (訳)

A5 判／384 頁　978-4-254-12287-9 C3004　定価 4,950 円（本体 4,500 円＋税）

データ構造とアルゴリズムの基本を解説．式や変数はほぼ使わず，初学者でも直観的にわかるように具体的な数値やデータ，図，グラフを使って説明．初学者に最適な入門書〔内容〕データ構造やアルゴリズムの重要性／ O 表記／ハッシュテーブル／スタック／キュー／再帰／動的計画法／連結リスト／ヒープ／二分木／グラフ／領域計算量